KB122577

인공지능과
어떻게
공존할
것인가

인공지능과

인간 + AI를 위한 새로운 플랫폼을 생각한다

어떻게 공존할 것인가

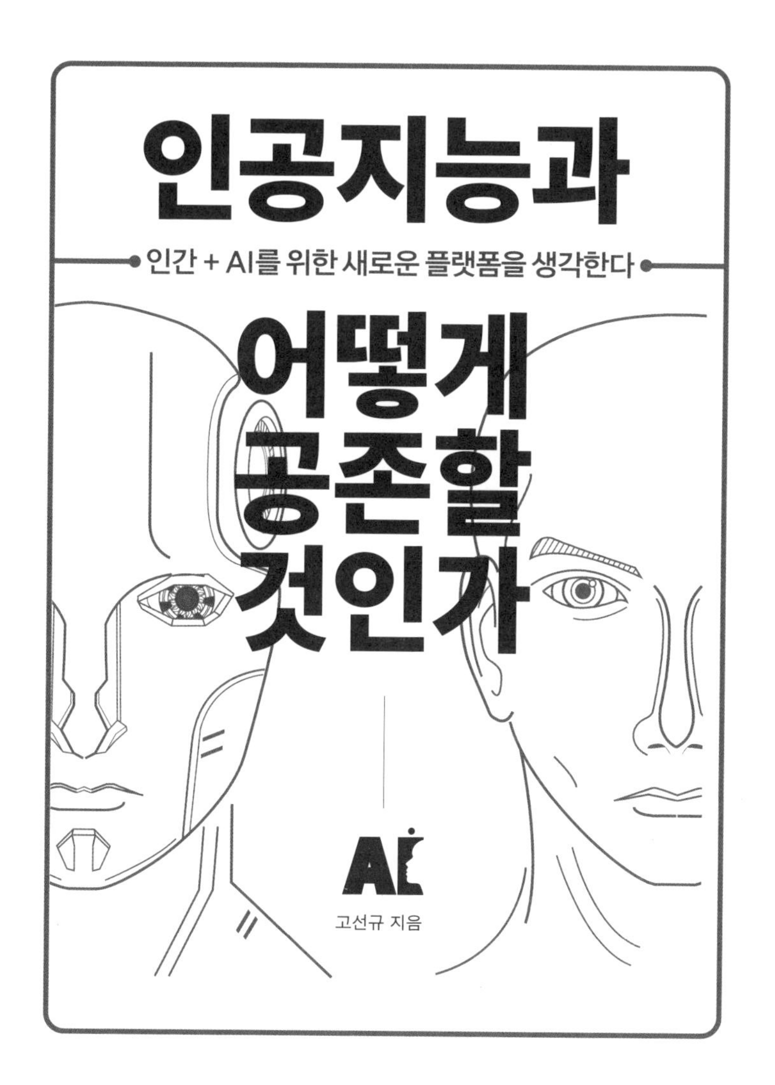

AI

고선규 지음

타커스

차 례

시작하며

서울 명동에 로봇 호텔 등장

2021년 8월, 서울 명동에 로봇 호텔이 문을 열었다. 이 호텔은 로봇 호텔리어가 체크인을 담당한다. 로비에는 로봇 공룡을 비롯하여 우주인을 연상시키는 로봇이 손님들을 맞이한다. 룸 안에서는 AI 스피커로 조명을 켜고, TV, 냉난방 기기를 조절하는 것도 가능하다. 음성인식 기술로 음악을 들을 수 있으며, 필요한 물품을 요청할 수도 있다. 인공지능, 로봇이 AI 호텔 서비스를 제공하고 있다.

호텔을 나와서 충무로 방향으로 걸어오면, 충무로역 3번 출구 근처에 로봇 바리스타가 운영하는 로봇 카페가 있다. 로봇 카페에서는 사람 종업원은 없고 로봇 바리스타 혼자서 손님들에게 다양한 음료를 제공한다. 이러한 로봇 카페는 강원도 영월에 있는 동강 시스타 콘도에도 있다. 이제 AI 호텔에서 잠을 자고 로봇이 만들어주는 커피를 마시면서 여행을 즐기는 것이 일상이 되고 있다.

로봇이 환승을 안내하는 동경역

2019년 5월 22일, 일본 동경역 만남의 광장에 인공지능(AI) 로봇 '세미(SEMMI)'가 등장하였다. 이 로봇의 역할은 역에서 신칸센이나 지하철로 갈아타는 외국인에게 환승방법을 안내하는 것이다. 일본에서 동경역은 내국인은 물론 외국인의 왕래가 가장 잦은 역이다. 일본을 방문하는 외국인이 많아지면서 역에서 표를 사거나 길을 물을 때, 오랫동안 줄서서 기다려야 하는 것은 일상이 되어버렸다. 이러한 불편을 덜어주기 위하여 JR동일본 철도는 독일철도가 개발한 로봇을 도입했다.

동경역에서 환승 방법을 안내하는 로봇 세미(SEMMI)

이 로봇은 마네킹 같은 얼굴로 철도원이 쓰는 모자를 쓰고 안내하고 있다. 일본어, 독일어, 한국어, 영어, 프랑스어 등 7개국 언어를 듣고 말할 수 있다. 실제로 필자가 로봇에게 한국어로 "신칸센을 타고 싶은데 타는 곳을 알려주세요"라고 말하자, "좌측 엘리베이터를 이용하세요"라고 대답하면서 탑승 플랫폼까지 가는 지도를 제시해주었다.

그러나 세미가 알아들을 수 있도록 또박또박 정확하게 발음하지 않으면 한 번에 질문을 알아듣지 못한다. 아마도 로봇이 아직 한국어 단어를 많이 학습하지 못했기 때문일 것이다. 그렇지만 일본어, 영어로 질문하면 꽤 정확하게 알아듣고 대답해준다.

로봇 세미 옆에는 일본이 개발한 '페퍼(Pepper)'라는 로봇도 있다. 페퍼는 철도원 복장을 하고 안내하고 있었다. 외국인들은 세미에게 더 많이 물었지만 일본 사람들은 페퍼에게 더 많이 묻는 듯했다. 아마도 로봇의 모양을 대하는 정서가 문화나 국가에 따라 서로 다르기 때문일 것이다.

로봇 페퍼

안내 결과를 모니터로 보여준다.

로봇 바리스타 카페, 로봇이 커피 배달하는 오피스

이제 한국에서도 식당에 가면, 로봇이 음식을 날라다 주는 모습을 쉽게 볼 수 있다. 일본에서도 마찬가지이다. 생선초밥 집 입구에서 점원 복장을 한 로봇 페퍼에게 테이블번호를 배정받은 분들이 많을 것이다. 옷가게나 회사에서 층별 안내를 맡고 있는 로봇 페퍼를 만나기도 했을 것이다. 또 일본에는 직원을 대신하여 로봇 페퍼가 상담하는 핸드폰 매장도 있다. 호텔 로비에서 주변 관광지나 맛집 정보를 제공하는 로봇도 쉽게 만날 수 있다.

박물관에서 안내하는 로봇

심지어 공공기관, 시청, 구청 등에서도 민원인에게 업무를 안내해주는 로봇도 늘어나고 있다. 동경 메구로에는 사람이 근무하지 않고 창구도 설치하지 않은 미츠비시UFJ은행이 2019년 1월에 문을 열었다. 이곳에서는 통상적으로 은행에서 취급하는 업무는 처리하지 않고 온라인 통장 개설이나 모바일 뱅킹 관련 업무만 취급한다. 미츠비시UFJ은행은 현재 500여 개의 사람이 근무하는 지점을 2023년까지 반으로 축소할 계획이라고 한다. 모두 인공지능으로 대체하는 것이다.

일본의 남쪽에 위치한 나가사키 지역 하우스텐보스에는 이미 오래 전에 직원이 로봇인 헨나호텔이 문을 열었다. 이 호텔은 종업원이 사람이 아니라 로봇이라는 점에서 유명세를 얻어 일본 전국에 22개 체인점이 생겼다. 로봇 호텔이기 때문에 호텔 내부에서 사람을 만나기는 쉽지 않다. 이 호텔 프런트에서는 공룡이나 휴머노이드 로봇이 체크인을 도와준다. 동경 디즈니 근처에 있는 마이하마(舞浜) 헨나호텔 로비의 수족관에는 로봇 물고기가 수영을 하고 있다. 개업 초기에는 몇 달씩이나 기다려야 투숙할 수 있었지만, 이제는 전국에 체인이 늘어나면서 기다리지 않고도 숙박할 수 있게 되었다. 헨나 호텔은 2021년 서울 명동에도 로봇 호텔을 오픈하였다.

커피를 좋아하는 사람들은 동경 시부야에 있는 로봇 카페에서 로봇이 만들어주는 커피를 마실 수 있다. 커피, 음료, 과자를 주문하면 양팔을 가진 로봇이 커피머신에서 커피를 뽑아준다.

또 동경의 가미야쵸에 위치한 고층 오피스에서는 스마트폰 앱으로 커피를 주문하면 로봇이 30층 이상 엘리베이터를 타고 올라와 주문자에게 배달해준다.

병원에서는 처방전이나 검사용 혈액을 로봇이 운반하고 있다. 최근에는 대장암 내시경 검사를 하는 경우, 의사가 아니라 인공지능이 종양별로 암일 확률을 계산해주는 병원이 운영되고 있다.

자율주행차로 도시를 이동하는 시대

동경 올림픽과 패럴림픽이 2021년 여름에 열렸다. 일본은 올림픽 기간 중 방문객을 실어 나르기 위해 동경 시내에서 자율주행차를 운행하였고, 로봇이나 인공지능이 제공하는 다양한 서비스를 제공하였다. 일본 정부는 올림픽이라는 글로벌 축제를 통해 지구촌 사람들에게 4차 산업혁명 사회로 변한 일본의 모습을 보여주려고 애를 썼다. 정부 내에는 Society 4.0, 초연결 사회, 인공지능, 자율주행차, 로봇 관련 각종 위원회를 만들어서 관련 정책을 추진하였다.

한편 일본에서 2020년부터 초등학교에서 영어가 정식 교과목으로 채택되면서 의무화되었다. 이를 계기로 수업 시간에 영어를 원어민처럼 말하는 로봇 교사도 등장하였다. 프로그래밍 교육도 초등학교에 전면 도입되면서 로봇을 활용한 수업이 늘어나고 있다.

이제 실험실 속에서만 존재하던 인공지능이 우리의 일상 속으로 다가오고 있다. 자율주행차도 시범 운행되고 있는 지역이 늘어나고 있다. 운전자가 동승하는 조건과 '레벨 3' 정도의 운행은 대부분의 자치단체에서 허용하고 있다. 실제로 우편물을 실은 자율주행 트럭이 일반도로를 달리는 실험이 이루어지고 있다. 시골 마을에서는 무인 택배자동차가 집 마당까지 배달해주는 실험이 이루어지고 있다.

자율주행 자동차 운행이 일부이지만 가시화되면서 일본 정부는 자율주행 자동차가 고속도로에서 운행될 수 있도록 법을 개정했다. 2019년

5월에 도로교통법 및 도로운송법 개정안이 국회를 통과하였다. 도로뿐만 아니라 지역 전체가 자율주행 자동차, AI, IoT 등 첨단기술의 실험장소로 운영할 수 있도록 하는 슈퍼시티 법안도 각의를 통과하였다. 일본은 4차 산업혁명 시대가 조금씩 현실화되면서 이에 필요한 법률적 정비도 하나씩 진행하고 있다.

그렇다고 일본 사회가 금방이라도 4차 산업혁명 사회로 변화할 것 같은 분위기는 아니다. 여전히 미국이나 중국에 비해 인공지능 기술과 관련해서는 뒤처져 있다는 점을 스스로 인정하고 있다.

한국도 일본도 앞으로 인공지능 사회로 변모해갈 것은 분명하다. 인공지능이 생활 인프라로 변해가는 흐름은 미국, EU, 중국도 마찬가지이다. 그러므로 이 책에서는 이웃나라 일본 사회에서 인공지능과 로봇이 일상 속으로 다가오면서 생기는 변화들을 살펴보면서 우리 사회에 다가올 변화를 고민해보고자 한다. 일본은 우리와 문화적으로 유사하기도 하지만 지리적으로도 가까워서 친구들이나 가족과 여행 갈 기회가 많다. 그러므로 가서 직접 눈으로 확인해볼 수 있기 때문이다.

한국에서도 일상적 인프라로 변화하는 인공지능

한국 사회에서도 피부로 느끼고 있는 것처럼 인공지능이 우리의 일상 속으로 다가오고 있다. 외국 여행을 가기 위하여 인천공항에 가면 로봇에게 공항 안내를 받을 수 있고, 사진을 찍어서 이메일이나 핸드폰으로 보내주는 서비스를 받을 수도 있다. 식당에서는 로봇이 음식을 배달해주고, 자율주행 자동차 실험도 곳곳에서 이루어지고 있다. 2022년 대통령 선거에서는 AI 윤석열, AI 이재명 후보자가 등장하여 화제가 되었다. 이제는 정치의 영역에서도 AI가 활용되고 있다.

가정에서도 인공지능이 우리의 생활을 편리하게 지원해주고 있다. 냉장고와 에어컨 같은 가전제품에 인공지능 기술이 도입되었다. 예전처럼 일정한 온도를 유지해주는 자동센서 기능에 그치지 않는다. 예를 들어, 냉장고는 안에 들어 있는 음식에 따라서 적정온도를 선택해서 신선도를 유지해준다.

여름철에 많이 이용하는 에어컨의 경우도 인공지능이 집안 상황을 학습하고, 학습한 데이터에 따라서 쾌적한 온도를 유지해준다. 인공지능 스피커가 내장되어 있어서 음성으로 에어컨을 켜고, 끌 수 있다. 온도 설정도 음성으로 가능하다. AI 에어컨은 거실 온도를 스스로 맞춰주기도 한다. 자주 설정되는 온도를 학습하여 스스로 알아서 온도를 조절해주는 것이다. 그리고 거실에 있는 사람이 어린아이인지 어른인지에 따라서 적절한 온도를 조절해주고, 사람이 있는 방향을 인식하여 그곳으로 바람을 보내주는 등 자동화 기능이 점점 고도화하고 있다.

그리고 2018년부터 AI 변호사가 대한민국 굴지의 로펌에 채용되었다. 인공지능 기술을 활용하여 변론에 필요한 법령, 판례 등을 검색, 제공한다. 이제는 변호사 같은 전문직도 인공지능에 의해 대체될 수 있다며 불안해하는 사람들도 있다.

자율주행차의 실험운행도 다양한 곳에서 이루어지고 있다. 2018년 9월, 운전자가 탑승하지 않는 자율주행버스가 판교에서 운행되었다. 자율주행 자동차 '4단계'로 꽤 고난이도 기술이다. 운전자 없이도 일반도로를 시속 25킬로미터 속도로 달린다.

법원에는 통역 안내 로봇이 등장했다. 2019년 9월, 서울가정법원에서 외국인에게 통역서비스를 제공하는 안내 로봇이 등장하였다. 한국에도 외국인 거주자가 증가하면서 법원을 찾는 외국인이 증가하는 추세이다.

외국인이 자주 질문하는 130개 정도의 문항을 한국어, 영어, 중국어, 베트남어로 안내해준다(파이낸셜뉴스, 2019.9.5).

인공지능이 우리의 일상 속으로 점점 다가오고 있다. 아직은 가정, 공항, 마트, 법원 같은 한정적인 장소에 국한된 측면이 있지만, 판교에서 운행되는 자율주행 버스처럼 우리가 출퇴근에 이용하는 기회도 점차 늘어나게 될 것이다. 인공지능은 대학이나 기업연구소 실험실에 갇혀 있는 기술이 아니라 '일상 속 AI', 그리고 '라이프 스타일 AI'로 변신하게 될 것이다. 이런 변화에 주목해 본다면 인공지능 기술은 인터넷처럼 우리의 생활 인프라[life intelligence]가 되고 있다. 결국 인공지능 기술의 발달로 대변되는 4차 산업혁명은 개인의 삶의 변화는 물론 사회시스템의 변화, 그리고 새로운 서비스, 새로운 가치를 만들어내는 일대 변혁이라고 볼 수 있다.

우리 정부도 2017년 10월, 4차 산업혁명위원회를 만들고 관련 정책이나 기술개발을 국정 어젠다로 지정하여 추진하고 있다. 각 부처에서도 과학기술정보통신부의 "4차 산업혁명 기본계획", 행정안전부의 "지능형 정부 기본계획", 산업통상자원부의 "지능형 로봇 발전전략"이 만들어져 추진되고 있다. 이러한 정책들은 인공지능, 빅데이터 그리고 초연결 등으로 촉발되는 지능화 혁명 사회를 목표로 하고 있다.

나와 내 가족의 달라질 일상을 고민할 시기

지금까지 인공지능을 활용하는 분야는 대부분 사람이 해온 일들을 대신하는 것이다. 호텔 직원도, 카페에서 커피를 만들어주는 바리스타도, 커피를 배달해주는 사람도, 역에서 열차표를 팔거나 환승을 안내해주는 역무원도, 택배 운전을 하는 택배기사도, 영어 원어민 교사도, 프로그래밍 교사도 모두 사람이 해온 일이고 직업이다.

그런데 앞에서 사례로 제시한 일본의 헨나호텔에서는 직원 수가 2015년 30명에서 계속 줄어들어 7명까지 감소하였다. 또 최근에는 로봇이 해고되고 사람 직원의 수가 늘어난다는 신문보도가 있었다. 이는 로봇과 사람이 일자리를 놓고 경쟁하고 있다는 관점에서 바라보는 것이다.

동일한 관점에서 인공지능 알파고가 한국의 이세돌 9단에게 세기적 대국에서 이기고, 더 진화한 알파고 제로(AlphaGo Zero)까지 등장하면서 인공지능은 인간의 능력을 넘어서는 공포의 대상이라고 인식하는 사람도 많아지고 있다. 그러나 그것이 본질은 아니다.

너무 확대해석할 필요는 없다. 알파고 제로는 어디까지나 바둑만 잘하는 인공지능이다. 오히려 인공지능(AI) 바둑이 강해지면서 이와 대국하면서 기량을 갈고닦은 인간 기사들의 실력이 더 강해지고 있다.

인공지능의 발달을 부정적인 측면에서만 바라볼 필요는 없을 것이다. 인간의 '적'으로, '공포의 대상'으로 바라볼 필요도 없다. 로봇과 AI는 앞으로 다가올 제4차 산업혁명 시대에서 우리와 위층, 아래층에서 이웃하면서 살아야 할 공생의 대상이기 때문이다.

일본 사회에서 인공지능의 활용 사례가 늘어나는 것은 저출산, 고령화로 인한 노동력 부족 때문이다. 일본은 부족한 노동력으로 인한 현실적 문제를 인공지능 기술로 해결하고자 한다. 그리고 미국, 중국에 비해 뒤처져 있는 인공지능 분야에서 자신들의 경쟁력을 높이기 위해 로봇이나 인공지능을 산업 현장이나 서비스에 활용하는 전략을 추진하고 있다. 결국 일본이 놓여 있는 상황은 인공지능 기술을 적극적으로 활용하지 않으면 안 되는 상황이다.

사회적 과제 해결의 '유용한 수단'으로 활용

또 하나 우리가 인공지능을 생각할 때 중요한 것은 향후 인공지능이 발전해감에 따라 사회가 어떻게 변해갈 것인가이다. 지금과 같이 사람들 간 소득격차가 심해지는 사회에서 탈피해 아니라 로봇이 우리의 생활을 윤택하게 해줄 수 있을 것인가, 그러한 사회로 변해가기 위해서는 무엇을 해야 할 것인가를 생각해야 한다.

일본 사회에서 보는 바와 같이 인공지능 · 로봇은 부족한 노동력을 메워주는 중요한 수단이 되고 있다. 이러한 의미에서 인공지능 · 로봇은 우리가 직면한 사회적 문제를 해결하기 위한 '새로운 수단'이 되고 있다. 인공지능 · 로봇의 역할이 점점 더 진화해간다면 우리는 그들에게 더 많은 역할을 맡길 수도 있을 것이다.

예를 들어 인공지능 · 로봇이 단순한 노동이나 반복적인 노동을 대신 맡아준다면 우리는 창의적인 일이나 예술 활동에 전념할 수 있을 것이다. 인간과 인공지능이 노동 분업을 하게 된다면 우리는 더 많은 시간을 보다 인간적인 활동에 투자할 수 있을 것이다.

특히 최근 의료분야에서 인공지능의 활용이 늘어나고 있다. 지금까지 대학병원에서 환자들을 진찰하기 위하여 찍어둔 수십만 장의 CT, MRI 촬영 사진들이 이제는 인공지능을 학습시키는 데이터 자료로 쓰이고 있다. 현재 이런 화상 데이터를 학습한 인공지능이 대장암 판단에 획기적으로 기여할 것이다. 실제 테스트에서 인간 의사보다 적중률이 높게 나타나기도 했다. 인공지능이 엄청난 양의 화상 데이터를 분류하고 판독하면서 기술이 급속도로 발전했기 때문이다.

이렇게 인공지능의 도움으로 더 정확하게 암을 진단하고 치료할 수 있다면, 인간의 건강한 삶과 장수에 기여할 것이다. 물론 인공지능 · 로봇이 이렇게 의료분야에서 긍정적인 역할만 하는 것은 아니다. 그렇다면, 우리는 부정적인 문제에 대한 대책을 지금부터 고민할 필요가 있다.

현대사회에서 정보화가 급진전되면서 우리는 정보의 홍수 속에서 살아가고 있다. 인공지능은 인간의 능력으로는 도저히 처리하기 어려운 방대한 정보를 가지고 우리가 원하는 해결방안을 찾아줄 수도 있다. 지금보다 더 많은 정보와 데이터를 가지고 우리가 직면한 문제에 대한 '최적의 해결방안'을 제시해줄 수도 있을 것이다.

이렇게 본다면 인공지능은 우리가 활용하기에 따라서 '우리 편'이자 우리에게 매우 '유용한 도구'가 될 수 있다.

2030년, 순수 기계경제 시대가 온다

이야기를 좀 더 먼 미래로 옮겨보자. 인공지능 · 로봇을 연구하는 학자들 중에서 2030년이 되면 순수 기계경제 시대가 올 것으로 예측한다. 증기기관의 발명 이후, 산업혁명 시대에는 기계가 인간의 경제활동을 보조하는 시대였다. 그러나 2030년 이후, 인공지능 · 로봇 같은 기술이 발달하게 되면서 기계가 스스로 기계를 제조, 디자인, 판매, 사용하는 경제로 변화한다는 것이다(井上洋智, 2017; 日本經濟新聞社, 2018). 미래에는 수단이었던 기계가 주체로 변모하는 사회가 온다는 것이다. 이미 무인공장은 실현되고 있다. 기계의 자기 확대재생산이 가능해지게 되면 인간은 공장에서 기계를 만들 필요가 없어진다. 이러한 시대가 된다면 인간은 취미로 노동을 하거나, 정말로 일하는 것이 좋아서 하는 것 말고는 일하지 않아도 될 것이다. 그렇다면 인간은 새롭게 할 일을 찾아야 한다.

2030년 이후, 순수 기계경제 시대가 되어 인간이 노동을 할 필요가 없어진다면 우리는 어떻게 생계를 꾸려갈 것인가? 이러한 문제에 대한 대안으로 기본소득제도가 다시 논의되고 있다. 기본소득제도는 국가가 국민들에게 기본적인 생활비를 지급하는 제도이다.

최근 기본소득제도를 도입하려는 움직임도 확대되고 있다. 이미 핀란드에서는 2018년 12월까지 시범운영이 끝났다. 캐나다 온타리오주 주정부는 2017년 7월부터 기본소득제도를 시작했다. 이탈리아가 2019년 1월부터 시작하였고 프랑스, 인도에서도 2020년 도입이 법제화되었다. 2022년 한국의 대통령선거에서도 유력 후보자는 물론 기본소득제도 실현을 목표로 하는 정당 후보자가 출마했다. 이제 우리에게도 낯선 문제가 아니다.

경제학 분야에서는 인공지능과 관련하여 기본소득제도가 다양한 형태로 논의되고 있다.

여기에서 갑자기 기본소득제도를 이야기하는 것은 우리도 당장 이 제도를 도입하자는 뜻이 아니다. 인공지능 기술이 발달하게 되면서 야기되는 다양한 문제에 대해 고민할 필요가 있다는 것이다. 우리 사회 곳곳에서 이미 이러한 고민이 진지하게 진행되고 있다. 기본소득제도 같은 다양한 방안을 고민한다면 인공지능과 공생하는 사회가 반드시 비관적이지 않을 수도 있을 것이다.

4차 산업혁명 시대를 인간답게 살아갈 준비를 하자

글로벌 경제가 심화되면서 빈부격차가 심해지고 있다. 공장이 값싼 노동력을 찾아서 지구적 규모로 이동하게 되면서 실업률이 높아지는 국가도 많아지고 있다. 글로벌 노동시장의 경쟁에서 실직한 노동자에게 인공지능의 발달로 고용감소 현상이 겹치게 된다면 이중 삼중으로 어려운 노동환경이 될 것이다. 노동자들에게 이것마저도 개인의 책임으로 귀착시켜서는 안 될 것이다.

국가와 기업에게 다양한 이노베이션과 다양한 해결방안을 요구해야 할 것이다. 물론 개개인도 향후 4차 산업혁명 시대가 요구하는 인간상은 무엇이며 그 시대를 건강하고 행복하게 그리고 인간답게 살아가기 위해서는 무엇을 해야 할 것인가라는 물음에 나름대로 답을 가지고 있어야 할 것이다.

이 책은 인공지능이 우리 일상 속으로 깊숙이 들어오면서 생기는 다양한 문제들을 고민해보자는 의도에서 집필하였다. 인공지능이 일상화되면서 생기는 문제는 비단 실업률의 증가만이 아니다. 수많은 문제들이 있을 수 있으며, 그런 문제들을 어떤 측면에서 바라봐야 할 것인지 모든 사회 구성원이 함께 고민해야 한다. 그것은 바로 나 자신의 문제이기 때문이다.

제1부

인공지능을 알자

1장

인공지능은 무엇일까
—인공지능의 역사와 개념 정의

인공지능(AI)의 개발 역사

제4차 산업혁명 시대의 핵심기술은 인공지능 기술이라고 해도 과언이 아니다. 그럼 인공지능(AI: Artificial Intelligence)이란 무엇인가? 이는 여전히 논쟁적이다. '인공지능'이란 단어가 처음으로 등장한 때는 1956년이다. 미국 다트머스대학에서 열린 '사고하는 기계'에 대한 연구회에서 존 맥카시(John McCarthy)가 처음으로 사용하였다. 이후 60년 이상이라는 세월이 지났지만 여전히 명확하게 정의하지 못하고 있다.

실제로 산업 현장이나 실험실 속에서는 물론 일상 속에서도 다양한 현상이나 기술을 지칭하는 의미로 사용되고 있다. 예를 들면 인공지능 에어컨, 인공지능 스피커, 인공지능 로봇, 자율주행 자동차, 빅 데이터, IoT 기술, AI 기자, AI 정치인, AI 무기, 알파고 제로, 암수술 로봇, 로봇전쟁 등 다양한 국면에서 '인공지능'이란 말을 사용하고 있다. 각각의 분야에서 때로는 같은 의미로, 때로는 다른 의미로 사용하고 있는 것이다.

현재는 '제3차 인공지능 시대'

인공지능 기술은 대체로 세 차례에 걸친 연구시기를 거쳐 확산, 발전하였다. 현재의 인공지능 붐은 '제3차 인공지능 시대'라고 불리고 있다. 제1차 인공지능 시대(1950~60)는 '추론, 탐색의 시대'로 규정한다. 제2차 인공지능 시대(1980~95)는 '지식의 기술, 관리의 시대'이다. 현재의 제3차 인공지능 시대(2000~)는 딥 러닝(deep learning)을 필두로 알고리즘 개선, 빅 데이터와 컴퓨팅 파워의 발전과 함께 비약적으로 발전하고 있다(ETRI Insight, 2019).

제3차 인공지능 기술의 발달로 음성인식, 화상인식, 문자인식 기술은 이미 일상 속으로까지 보급되고 있는 상황이다. 최근에는 기계학습, 특징표현학습, 알파고(Alphago), IBM 왓슨(Watson), 기술적 특이점(Singularity) 등의 논의와 함께 인공지능 기술이 비약적으로 확장되고 있다.

2006년 인공지능의 아버지로 불리는 제프리 힌튼(Geoffrey Hinton)이 딥 러닝 알고리즘을 발표하였다. 그리고 2011년에 IBM 왓슨이 〈제퍼디(Jeopardy)〉 프로그램에서 인간 퀴즈챔피언에게 승리하였고, 애플이 음성인식 비서인 '시리'를 발표하였다. 2012년 6월, 구글 고양이가 탄생하기도 하였다. 2014년에는 컴퓨터의 튜링테스트(Turing Test)를 통과하였다.

2017년에는 알파고가 중국의 세계 최강 바둑 기사에게 3연승하는 등 비약적으로 발전했고, 2018년 12월 구글의 딥마인드 사가 개발한 인공지능 알파고 제로가 독학으로 바둑, 장기, 체스를 마스터하여 각 분야에서 최강으로 알려진 프로그램과의 대결에서 승리하였다. 2019년에는 '토론하는 인공지능'이 인간 챔피언과 토론 대결을 벌였고, 2021년에는 코로나 팬데믹 현상이 전 세계적으로 확산하는 가운데 인공지능이 COVID-19 감염원을 추적하는 데 활용되고 있다.

이처럼 인공지능 현상은 60년 이상 진행되어 왔다. 하지만 아직도 명확하게 '인공지능'에 대한 정의가 이루어지지 못하고 있다. 그 이유는 본질적으로 '지능'이라는 개념에 대한 정의가 간단하지 않기 때문이다. '지능'에 대한 논의는 인류의 역사만큼이나 길다고 볼 수 있다. 지능을 인간만이 가지는 지적 능력이라고 본다면 지능에 대한 정의는 인간에 대한 정의, 즉 인간 본질의 정의와도 중복된다. 인간에 대한 정의가 다양하듯 '지능'에 대한 정의도 매우 다양하다.

이와 더불어 '인공'이라는 개념도 역시 그 범위가 어디까지인지 정의하기 어렵기 때문이기도 하다.

그러므로 '인공'과 '지능'이 합쳐진 인공지능에 대한 개념정의는 매우 복잡하다. 또한 인공지능은 철학적 논쟁과 더불어 법률적, 윤리 문제와 결부되면서 더욱 복잡한 양상으로 진행되고 있다.

인공지능에 대한 논의에서 개념 정의를 어렵게 만드는 또 다른 요인은 활용 분야가 지나치게 다양하다는 점이다. 학술서적과 특히 언론에서 제기하는 논조가 지나치게 자의적이기 때문이다.

그리고 인공지능 관련 기술에는 다양한 형태의 시차 문제가 존재한다. 예를 들어 어떤 사람은 2016년 바둑대국에서 이세돌 프로기사를 이긴 알파고의 존재를 가지고 인공지능을 논의하는데, 어떤 사람은 2045년 기술적 특이점에 도달한 이후 시기의 예측적 인공지능 현상들을 이야기한다. 학자나 개발자마다 서로 다른 시간적 기준으로 인공지능 현상을 논의하고 있기 때문에 논의의 접점이 만들어지지 못하고 있는 실정이다.

결국 인공지능 논의는 개인에 따라, 기술의 진척 정도에 따라, 즉 시간적 기준에 따라 각기 다른 형태로 진행되고 있는 것이 현실이다. 더구나 인공지능에 관한 논쟁에서 로봇이나 AI 같은 '기계에 의한 인간 지배',

'직업의 소멸' 등 위기적 상황에 대한 미래예측이 강조되고 있다. 이러한 위기의식의 고조는 인공지능 문제를 합리적인 문제로 다루기보다는 배척, 대립의 대상으로 인식시키고 있다(Innovation Nippon, 2017).

인공지능의 개념

실제로 인공지능은 학자나 개발자마다 다양하게 정의하고 있다. 한국전자통신연구원의 보고서(2018)에서는 인공지능을 '인간의 지적활동, 즉 시각·언어·감각 이해능력과 학습능력 및 추론능력 등을 구현하고 재현하기 위한 모든 장치 및 시스템'으로 정의한다.

일본의 대표적인 인공지능 관련 보고서인 "Innovation Nippon"(2017)에서는 인공지능을 인간의 '사고 프로세스를 모델화하여 처리하는 소프트웨어의 총칭'으로 정의하고 있다.

일본의 학자 마츠오 유타카(松尾豊)는 인공지능은 '인공적으로 만든 인간 같은 지능 내지는 그것을 만드는 기술'이라고 본다.

일본 인공지능학회(2016)에서는 인공지능에 대한 다양한 정의가 존재하지만, 대체로 다음과 같은 두 가지 관점으로 정의한다. ① 인간이 지능을 활용하여 실행하는 일이나 프로세스를 기계에게 대신 시키려는 시스템이나 기술, ② 인간 같은 지능을 가진 기계, 또는 그것을 만드는 기술이다.

이러한 인공지능에 대한 정의를 보면 두 가지 측면에서 정의되고 있다. 하나는 기술에 관련된 문제이고, 다른 하나는 시스템 내지는 그런 시스템을 가진 기계나 인공물을 지칭하는 것이다(鶴光太郎, 2021; 佐藤嘉倫 외, 2022).

그렇다면 인공지능은 기술적인 측면에서는 인간의 지능, 지적 활동을 실현하는 기술을 의미한다고 볼 수 있다. 동시에 로봇과 같이 인간과 동등한 또는 그 이상의 시스템, 기계, 인공물 등을 지칭한다.

인공지능 연구는 인간의 지능을 실현하는 데 목적이 있다고 해도 과언이 아니다. 인간의 지능을 '생각하는 행위'라고 한다면 생각하는 행위를 실현하는 기술이며, '생각하는 기계'라고 볼 수도 있다.

현실적으로 인공지능이 인간의 지적 활동인 지능을 가졌다고 한다면 그것은 '새로운 지능'의 탄생이라고 볼 수도 있다. 지금까지는 지능을 가진 존재는 인간뿐이며, 지능이 인간의 특징이라는 견해가 일반적이었다. 이러한 맥락에서 인공지능이 지능을 가졌다면 인간 같은 또 '하나의 지성'이라고 볼 수도 있다는 주장도 존재한다(NHK, 2017). 물론 이러한 견해가 정당성을 가지기 위해서는 인공지능이 가진 지능의 정도에 대한 치밀한 평가가 필요하다.

최근 인공지능에 대해서 과대평가하는 입장에서는 인간과 구별하기 어려운 수준의 인공지능이 등장했다고 보기도 한다(川村幸城, 2021). 생각하는 기계가 만들어지면서 인간에 의한 '신종 생물'의 탄생이라고 보기도 한다. 더 나아가 기계가 인간보다 지적으로 우수한 분야나 능력이 현실화되면서 인간과 기계의 관계가 역전되었다고 보는 경우도 있다(NHK, 2017). 인간과 구별하기 어려운 수준의 지능을 가진 인공지능의 등장에 따라서 기계 스스로가 지식이나 기능을 습득하고 학습하는 사회가 오고 있다고 본다(James Barrat, 2017).

인공지능과 로봇의 차이

우리가 일상 속에서 인공지능을 말할 때 로봇을 가장 많이 연상할 것이다. 그러나 엄밀한 의미에서 인공지능과 로봇은 구별할 필요가 있다. 현재와 같은 인공지능 기술이 발전하게 된 배경에는 인간의 지능을 구현하는 기술과 컴퓨팅 파워의 괄목할 만한 발전이 존재한다.

인간의 지능을 구현하는 기술의 하나가 딥 러닝이다. 딥 러닝은 인간의 뇌를 모방한 뉴로 네트워크 기술(Neuro Networking Computer Technology)을 다층적으로 활용하는 기법이다. 최근 인간의 뇌에 대한 연구가 활발하게 진행되면서 뇌의 구조나 활동에 대한 연구가 급속도로 발전하고 있다. 이러한 뇌 연구는 지능을 구현하는 기술에도 영향을 주고 있다.

인간지능의 원리나 뇌 구조에 대한 이해가 심화됨과 동시에 컴퓨터 성능의 향상은 인공지능 연구를 촉발시키는 배경이 되었다. 즉 지능의 원리를 컴퓨터 기술로 구현시키는 것이 가능하게 된 것이다(松尾豊, 2017). 간단하게 말하면 컴퓨터의 하드웨어가 저렴해지고 성능이 향상되었다. 그리고 수많은 하드웨어를 병렬적으로 처리할 수 있는 그래픽 처리장치(GPU), ASIC(Application Specific Integrated Circuit), FPGA(Field Programmable Gate Array) 같은 기술 및 장치가 발달하면서 인공지능을 위한 고성능 컴퓨팅이 가능하게 된 것이다.

그렇다면 인공지능과 로봇은 어떻게 다른가?

사람에 비유한다면 사람의 뇌에 해당하는 것이 인공지능이다. 그리고 로봇은 사람의 몸에 해당한다. 그렇지만 인공지능은 로봇의 뇌만을 의미하지는 않는다. 로봇에 탑재되지 않는 인공지능도 존재하기 때문이다. 알파고가 대표적이다. 알파고는 컴퓨터 프로그램이다. 장기 프로그램도 마찬가지이다.

그리고 모든 로봇이 인공지능을 탑재하는 것은 아니다. 예를 들어 자동차 공장에서 일하는 산업용 로봇은 정해진 일만 반복적으로 처리하는 프로그램이 탑재되어 있다. 공장의 로봇은 학습하지 않고 스스로 계산하거나 판단하지 않는다.

인공지능은 산업이나 사회혁신의 수단으로만 인식하는 것이 아니라 '지능'이나 '마음'을 가진 존재(기계)로 인식하는 경우도 있다. 즉 인간을

생선초밥 가게에서 손님을 안내하는 로봇

대신할 수 있는 존재로 인식하는 의견도 적지 않다. 대표적인 학자가 스티븐 호킹(Stephen Hawking)이다.

그는 "완전한 인공지능이 개발되면 인류는 종언을 맞이하게 될 것이다. 인공지능이 자신의 의사를 가지고 자립하고 빠른 속도로 능력을 확장시켜나간다면 자기 자신의 설계도를 스스로 수정하는 것도 가능하게 될 것이다. 결국 천천히 진화하는 인간으로서는 인공지능을 이길 수 없게 될 것이다. 조만간에 인공지능은 인간을 능가, 대체하게 될 것이다"라고 주장하였다. 이러한 주장은 기존의 '수단으로서 기술의 발전'이라는 생각과는 다른 것이다.

이 책에서는 우리가 일상생활 속에서 접하는 인공지능, 정부 · 지방자치단체의 정책 추진 대상으로 인공지능, 그리고 기업 혁신의 목표나 제공하는 서비스로서 인공지능을 의미할 때는 '인공지능'으로 표기하였다. AI 변호사, AI 정치가, AI 정당, AI 의료, AI 호텔, AI 카페, AI 윤리, AI 무기 등 특정한 영역에서 인공지능을 활용하는 직업, 서비스, 조직, 프로그램 등을 의미할 때는 'AI'로 표기하였다. 이미 특정 분야에서 활용되고 있는 표현과 혼란을 피하기 위해서이다.

인공지능의 분류

현재, 인공지능은 대체로 두 가지로 분류할 수 있다. ① 특화형 인공지능, ② 범용형 인공지능(AGI: Artificial General Intelligence)이다.

특화형 인공지능은 특정한 기능이나 역할에 특화된 인공지능을 의미한다. 예를 들어 알파고, 인공지능청소기, 수술용 로봇, 자동운전, 자동통역 등 대부분의 인공지능이 여기에 속한다.

범용형 인공지능은 특정한 분야에서만 효율적으로 기능하는 것이 아니라 입력에 따라 다양한 역할을 수행할 수 있으며, 인간과 동등하거나 또는 인간 이상의 능력을 발휘할 수 있는 인공지능이다. 원래 인공지능 개발의 출발점은 범용 인공지능의 개발에서 시작되었다. 그렇지만 현재 개발되어 활용되고 있는 대부분의 인공지능은 특화형이다.

다른 측면에서, 약한 인공지능과 강한 인공지능으로 분류하기도 한다 (김성민 · 정선화 · 정성영, 2018). 약한 인공지능은 사람의 업무를 도와주는 인공지능이다. 강한 인공지능은 인간보다 지능 수준이 높고 종합적인 판단을 할 수 있는 인공지능이다. 강한 인공지능 또는 범용 인공지능은 인간처럼 모든 일을 할 수 있는 능력, 즉 인간의 뇌세포, 신경세포, 감각, 심리 등 다양한 능력을 갖추는 인공지능이다. 그러므로 인간의 지능에 대한 이해와 그것을 구현할 수 있는 조건이 갖춰질 때 가능할 수 있을 것이다.

인공지능과 기술적 특이점 논쟁

인공지능 논의에서 자주 등장하는 것이 기술적 특이점(Technological Singularity)에 대한 논쟁이다. 이른바 '2045년 문제'라고도 한다. 기술적 특이점에 대한 주장은 레이 커즈웰(Ray Kurzweil, 2005)의 책 『특이점이 온다』에서 출발한다. 레이 커즈웰은 계산기 기술이 급속도로 발전하여 2045년에 인류의 처리능력을 능가하게 된다는 것이다. 기술적 특이점은 인간과 동등한 지능을 가진 범용 인공지능이 만들어지는 것을 상정한다.

레이 커즈웰은 책에서 생명이 탄생하고 나서 세포가 만들어지기까지는 10억 년, 이후 고생대의 캄브리아기가 생성되는 데 걸리는 시간이 5억 년, 또 다시 파충류의 탄생까지는 3억 년이 소요되었다고 한다. 그 후 포유류 탄생까지는 2억 년, 영장류의 탄생까지는 7천만 년이 소요되는 등 진화기간이 짧아지고 있다. 비교적 최근에 발생한 인류사적 전환을 살펴보면 문자가 발명되고, 인쇄술이 개발되고, 이후 산업혁명이 일어나기까지 변화 기간은 몇 백 년으로 단축되었다. 1990년대에 정보화 혁명이 시작된 점을 고려하면 인공지능 혁명으로 전환되는 시간은 불과 몇 십 년에 불과하다고 한다.

컴퓨터의 처리능력은 2년마다 두 배씩 향상된다는 것이 무어의 법칙이다. 이 무어의 법칙에 따르면 20년 만에 1,000배 속도로 컴퓨터의 능력이 향상되어 간다. 레이 커즈웰은 기술진보가 급속하게 진행되고 있는 점을 강조했다. 이러한 속도로 발전해간다면 2045년에는 인류가 처리하는 능력보다도 더 빨리 처리할 수 있게 된다고 보았다.

이렇게 컴퓨터의 능력이 향상되면 인간은 자신의 능력보다 더 처리능력이 빠른 컴퓨터를 만들게 되는 것이다. 그리고 다시 인간보다 뛰어난 능력을 가진 컴퓨터는 자신보다 뛰어난 컴퓨터를 만들게 된다는 식으로 논리가 증폭되었다. 이러한 진화를 반복하는 과정에서 인간은 기계의 지배를 받게 된다는 논리가 성립되었다.

지금까지 살펴본 것과 같이 범용 인공지능은 아직 실현되고 있지 못하다고 보는 것이 일반적이다. 범용 인공지능이 구현되고 있다고 하더라도 그 단계는 높지 않다.

기계가 지배하는 세상이 올 수도

커즈웰은 인공지능의 지적 능력이 2015년에 쥐의 뇌, 2023년에는 개별 인간의 뇌, 그리고 2045년에는 인류 전체의 뇌 능력을 초월한다고 주장하였다.

이러한 레이 커즈웰의 주장을 토대로 2045년이 되면 인공지능의 능력이 인간을 초월하고, 기계에 의해 인간이 지배되는 세상이 온다는 논리로 비약하기도 한다. 이러한 예측은 인공지능을 위협적인 존재로 인식하도록 부채질하는 측면도 있음을 부정하기 어렵다. 인공지능은 인간의 직업을 대체하고, 생활을 위협하는 수단이나 존재로 보고 있다. 더 나가서 인공지능은 인류를 멸망시키게 될지도 모른다는 비관적인 예측도 있다(Innovation Nippon 2017).

기술적 특이점에 관한 논쟁은 2045년에 관한 미래 사회의 예측이기도 하다. 인공지능 기술 수준이 현재와 같은 속도로 발전한다면 향후 25년 이후에 다가올 미래 사회의 모습은 인공지능 전문가조차도 예측하기 어려운 상황이다.

인공지능에 대한 논의는 좀 더 현실을 토대로 진행될 필요가 있다. 그것이 가능하기 위해서는 현재 실현되고 있는 인공지능 기술의 실태를 명확하게 진단하고 이를 공유함으로써 논의의 전제조건을 일치시키는 작업이 필요하다. 동시에 인공지능 기술이 현실 생활세계에서 어느 정도 침투, 활용되고 있는가, 이러한 인공지능 기술은 사회적 과제해결에 어떻게 접근하고 있는가에 대한 문제부터 고민할 필요가 있다.

기술적 특이점론에 대한 비판

기술적 특이점이 가져오는 사회현상에 대한 논의는 다양하게 전개되고 있다. 그 실현 가능성을 부정하는 비판이나 기술적 특이점이 담고 있는 내용 그 자체에 대한 비판도 적지 않다. 프랑스 철학자 장 가브리엘 가나시아(Jean-Gabriel Ganascia, 2017)는 기술적 특이점의 근거가 되고 있는 무어의 법칙은 경험법칙에 불과하고 진화과정의 대표사례로서 논리적 근거가 부족하다고 비판하고 있다.

영화 〈터미네이터〉에 나오는 것과 같이, 인공지능 로봇이 인간과 전쟁을 하거나 선을 지키기 위하여 '악의 세력'과 전쟁을 하기 위해서는 인공지능이 선과 악을 구별하는 능력을 가져야 한다. 인공지능이 선악을 구분하기 위해서는 우선 먼저 윤리나 선악을 학습해야 한다. 그러나 선과 악을 명확하게 구분하는 것은 현실사회에서도 불가능하므로 이것을 인공지능에게 학습시키는 것은 불가능하다고 본다(中島秀之 · 丸山宏, 2018). 물론 인공지능의 프로그램을 조작하여 인간에게 위협을 가하도록 하는 것은 가능할 것이다.

2장

인공지능 사회에 대한 전망
—유토피아인가 디스토피인가

인공지능에 대해서 기대하지만 불안감도 존재

최근 인공지능, 로봇, IoT, Open Data, Open API(Application Programming Interface) 같은 기술이 발전하면서 인류는 지금까지 경험하지 못했던 새로운 사회로 변모해가고 있다. 데이터 이코노미(Data Economy)에 기반한 새로운 비즈니스, 캐시리스 사회(Cashless Economy), 이동혁명을 실현하는 모빌리티 서비스(MaaS) 등이 등장하고 있다.

실험공간 속에서 운행되던 자율주행 자동차도 이미 도심의 일반도로로 나와서 손님에게 서비스를 제공하고 있다. 구글 계열 웨이모(Waymo)는 2018년 12월부터 자율주행 택시 '웨이모 원(Waymo One)'을 운영하고 있다. 2021년 11월부터 중국 북경 시내에서는 자율주행 택시가 운행되고 있다. 어플로 출발지와 도착지를 설정하고 호출하면, AI 택시가 도착한다. 시속 50~60킬로미터로 운행하고, 10분 정도 이동 시 요금은 약 3,000원(30위안)이다.

ICT, IoT, 인공지능, 로봇기술 같은 첨단기술의 발전, 그리고 이러한 기술을 활용한 기계, 시스템 같은 다양한 '인공물'들이 '실험실'을 벗어나서 우리의 '일상' 속으로 다가옴으로써 인간-인공지능(AI)이 공존하는 '하이브리드 사회'로 변모하고 있다. 동시에 로봇이나 인공지능 알고리즘에 대한 우리의 기대감과 불안감도 높아지고 있다.

2017년 한국언론재단이 실시한 설문조사결과에 따르면 "제4차 산업혁명으로 빈부격차가 심해질 것"이라고 보는 사람이 85.3%로 나타났다. "인간의 일자리가 줄어들 것"으로 보는 응답자도 89.9%로 나타났다(한국언론재단 미디어연구센터, 2017). 이러한 결과는 앞으로 다가올 인공지능 사회에 대해 부정적인 인식이 강하다는 것을 알 수 있게 해준다.

이러한 인식은 한국 사회에만 존재하는 것이 아니다. 2017년 유럽연합 집행위원회가 유럽 시민을 대상으로 실시한 '유로바로미터조사'의 결과에 따르면 유럽 시민 중에서 74%는 "인공지능이나 로봇으로 인해서 새롭게 만들어지는 일자리보다 없어지는 일자리가 더 많을 것"으로 보고 있다. 그리고 유럽 시민의 72% 정도는 로봇이 인간의 일자리를 훔쳐간다고 믿고 있는 것으로 나타났다(European Commission, 2017). 역시 유럽 시민들도 일자리 관련해서는 인공지능 사회에 대한 부정적인 인식이 높게 나타나고 있다.

그렇지만 2017년에 한국언론재단이 실시한 조사에서 긍정적인 응답도 높게 나타났다. "제4차 산업혁명이 인류에게 혜택을 줄 것"이라는 긍정적인 전망을 가지는 비율이 82.6%, 경제의 신성장 동력이 될 것으로 보는 응답도 82.4%로 나타났다(한국언론재단 미디어연구센터, 2017). 결국 한국 사람들은 제4차 산업혁명이 가져올 사회적인 변화에 대해서 기대와 불안을 동시에 가지고 있다.

인공지능 사회에 대한 부정적 시각(위협론)

다가올 인공지능 사회에 대해서 부정적인 전망을 하는 사람들은 대체로 '고용 감소' 또는 'AI에 의한 인간 지배'에 대한 불안감을 가지고 있다. 이 불안감은 '2045년 문제(기술적 특이점)'와 결부되어 인간이 인공지능과 전쟁을 하거나 지배를 받는다는 극단적인 예측에 근거하고 있다. 인공지능 기술이 발달하여 인간의 능력을 능가하거나 통제로부터 벗어나는 상황을 상정한 것이다. 또 인공지능은 인류에게 위협적인 존재가 될 것이라고 인식하는 위협론에 근거하고 있다.

위협론은 인공지능이 인간의 능력을 초월하는 단계에 이르면 자기자신을 스스로 복제하는 것이 가능하게 될 것으로 본다(James Barrat, 2017). 이 단계에 도달하면 인간의 능력으로 인공지능을 통제하는 것은 불가능하게 된다. 인공지능이 인간에게 악의를 가지게 된다면 인류는 멸망하게 될 것이라고 극단적인 예측들을 내놓기도 한다.

또한 현실적으로 위협론적 입장을 취하는 사람들은 경제에 미치는 부정적 영향, 그중에서도 직업의 박탈로 실업이 양산될 수 있다는 측면을 강조한다. 그리고 자율주행 자동차 사고와 같이 인공지능 때문에 발생하는 사고로 인한 사회적 혼란에 대해서도 불안감을 가진다. 최근 미국에서 자율주행 자동차의 운전자가 사망하는 사고가 발생하면서 이러한 불안감은 증폭되고 있다.

위협론적 입장에 서는 대표적인 사람이 일론 머스크(Elon Musk, 2017)이다. 그는 인공지능 개발은 "악마를 소환하는 일"이라고 주장하였다. 2017년 7월 15일, 미국 주지사협회 연설에서 "인공지능은 인류문명이 직면하고 있는 최대의 리스크"라고 지적하였다(Jamie Condliffe, 2017). 그는 "지금 당장이라도 인공지능에 대한 규제를 도입해야 한다"고 주장하였다. 2022년 6월, 구글의 인공지능 개발자가 자신이 개발하는 'LaMDA'라는 고성능 인공지능은 감정을 지니고 있다고 발표하였다. 이를 계기로 '인공지능이 인간처럼 감정을 지닐 수 있는가'를 둘러싼 논쟁이 격렬하게 진행되고 있다. 일론 머스크도 이 논쟁에 참여하여 "인공지능의 출현은 인류의 존망이 걸린 위협"이라고 주장하면서 규제의 필요성을 다시 한번 역설하였다.

미래학자인 마틴 포드(Martin Ford, 2015)는 기업에서 자동화가 진행됨에 따라서 장기적으로는 대량의 실업이 초래될 수 있다고 주장하였다. 이로 인해 잠재적 고객이 감소하게 되면서 기업은 도산하게 되고, 그 결과 자유 시장경제를 유지하는 것이 불가능하게 된다고 주장하였다.

또한 인공지능 위협론자들은 SF영화나 〈터미네이터〉 등에서 보는 바와 같이 인공지능이 인간을 위협하는 부정적 이미지를 강조한다. 더구나 최근 인간과 인공지능의 대결에서 패배하는 인간의 모습을 통해서 인공지능을 위협적인 존재로 부각시키고 있다.

불평등과 편견을 자동화하는 인공지능(AI)

인공지능(AI)에 대한 불안감은 먼 미래에 대해서만이 아니라 우리의 눈앞에 일어나는 현실 속에서 느끼기도 한다.

미국에서는 AI를 재판과정에서 활용하기도 한다. 2017년 기준으로 미국에는 200만 명 이상이 감옥에 수감되어 있다고 한다(NHK, 2017). 이렇게 많은 재소자를 수용하기 위해서는 많은 시설과 비용이 필요하다. 그러므로 수용시설 부족 문제를 해결하는 수단으로 AI를 활용하고 있다.

미국에서 재범률을 계산하는 프로그램은 에퀴번트(Equivant) 사가 개발한 'COMPAS'를 활용한다. 이 프로그램은 피고인에게 137개 질문을 제시하고 그 답변 내용과 과거 범죄 경력에 따라서 재범 위험률을 10단계로 계산한다. 이렇게 계산된 데이터는 재판과정에서 재범률 형태로 반영한다.

미국 버지니아주의 경우, AI가 계산하는 데이터를 가지고 석방 여부, 형기, 보호관찰기간 등의 판단자료로 활용한다. AI가 계산하는 재범률 계산 덕분에 수용자 증가 비율이 31%에서 5%로 감소하였다. 캘리포니아주 소노마 카운티(Sonoma)에서도 AI가 계산하는 재범률 프로그램 도입으로 재범률이 10% 감소한 것으로 알려졌다(NHK, 2017).

AI가 계산하는 재범률은 출소 1년 이내에 다시 범죄를 일으킬 비율로 표시한다. AI는 재범률을 '높음 / 중간정도 / 낮음' 3단계로 평가한다. AI를 재판과정에 도입하는 이유는 인간의 주관적인 평가를 배제한다는 명분에서이다.

그러나 재범률을 계산하는 데이터에 문제가 있다는 비판이 제기되고 있다. COMPAS 프로그램의 검증 결과를 보면 백인 59%, 흑인 63% 정도의 정확도를 나타내고 있다고 설명한다. AI가 계산한 결과가 낮은 그룹에서 재범률은 흑인 45%, 백인 23%이다(NHK, 2017). 이러한 결과를 보면 흑인은 재범률이 높다고 인식하는 편견, 그리고 백인은 재범률이 낮다는 편견이 반영되었다고 비판한다. 즉 현실세계의 편견이나 차별적 인식이 알고리즘에 반영되고 있다는 비판이다.

AI 시스템은 학습하는 데이터에 따라서 다른 결과가 만들어진다는 주장들이 많다. 예를 들어서 AI 의료(11장 참조)에서 살펴본 바와 같이 대장암을 구별하는 AI 시스템을 만드는 경우, 대장암 사진은 '1', 대장암이 아닌 용종 사진은 '0'과 같이 디지털 정보로 학습이 진행된다. 그러므로 병원에서 어떤 사진을 보여주면서 학습시키는가에 따라서 판단하는 기준이 달라질 수 있다. 더구나 AI 시스템이 인터넷 정보를 검색하고 그 결과를 반영하는 경우, 검색되는 기사나 정보의 내용 및 용량에 따라서 영향을 받을 수도 있다.

특히, AI 분야에는 연구·개발에 참여하는 여성 비율이 매우 낮다. 실제로 AI 분야에서 발표되는 논문의 저자를 성별로 나누면 여성은 18% 정도를 차지한다. AI 연구 분야 교수직 중에서 여성은 20%로 나타난다. AI 관련 기업 중에서 대표적인 페이스북 회사의 15%, 구글의 10% 정도가 여성 AI 연구자이다. 인종적으로 보면 편파성은 더욱 심각한 상황이다. 구글의 전체 노동자 중에서 흑인 노동자는 2.5%, 페이스북은 4%, 마이크로소프트는 4% 정도만이 흑인 노동자이다(MIT TECH Review, 2019).

이러한 현실은 AI 분야에서도 여성들이 '성차별', 그리고 흑인들이 '인종차별'을 경험하게 만들고, AI가 여성과 흑인을 적절하게 평가하지 못하게 만드는 결과를 가져올 수 있다.

2018년 1월, 미국에서 버지니아 유뱅크스(Virginia Eubanks) 교수가 쓴 『자동화하는 불평등(Automating Inequality)』이 화제이다. 저자는 AI로 대표되는 첨단기술이 가난한 사람들에게는 평등하지 못하고 불평등과 격차를 자동화하고 있다고 주장하고 있다. 결국 AI에 의해서 편견, 차별, 불평등이 자동화되고 지속된다고 주장한다.

원래 기술 그 자체는 정치적 편견이나 불평등을 포함하고 있지 않다. 단지 AI에게 학습데이터를 제공하는 사람들의 인식에 따라 영향을 받게 된다. 즉 AI 개발자가 어떤 데이터를 제공하느냐에 따라서 AI 시스템이 영향을 받게 된다는 것이다. 앞에서 살펴본 바와 같이 여성이나 흑인에게 불리한 데이터를 제공한다면 이들의 능력을 저평가할 수 있다는 것이다.

알고리즘이 지배하는 사회: 알고크러시

최근 인공지능에 대한 우려와 관련해서 '알고리즘이 지배하는 사회, 즉 알고크러시(Algocracy)'라는 말이 유행하고 있다. 알고크러시는 알고리즘(Algorithm)과 지배(cracy)라는 뜻의 합성어로, AI 분야에서 알고리즘에 의해 지배되는 현실을 나타내는 의미로 사용하고 있다.

알고크러시의 대표적인 분야가 SNS이다. 페이스북, 트위터(Twitter) 그리고 유튜브(Youtube) 등 SNS 미디어는 이용자가 많이 보는 기사를 중요한 뉴스로 인식하도록 알고리즘[deep learning System]이 만들어져 있다.

그리고 SNS 알고리즘은 이용자의 이념이나 불만이 일치하는 정보에 접근하기 쉽게 설계되어 있다. 결국 SNS 알고리즘은 개인정보, 행동데이터를 추적하여 유사성이 있는 사람들을 그룹화한다. 이러한 그룹화는 유사한 그룹끼리 신념의 공유, 행동의 공유, 정보의 공유를 유도한다(Ghosh and Scott, 2018).

SNS 미디어에서 유사한 사람들끼리 선택적 노출(selective exposure)이 늘어나면서 사람들의 생각이 양극화되고 확증편향이 강해지는 것은 이러한 알고리즘의 영향이라고 본다. SNS 공간에서는 알고리즘의 영향으로 특정한 기사나 포스팅에 선별적으로 접근하게 되고 그러한 기사의 영향으로 정치적 편향도 강해진다는 것이다(고선규, 2021).

인공지능 사회에 대한 기대론

이와 반대로 인공지능에 대한 기대론은 특화형 인공지능을 전제로 비즈니스의 질을 향상시키거나 기업의 생산성에 기여하는 등 긍정적인 측면에 주목한다. 특히 자율주행 자동차, 의료 분야, 농업, 얼굴인식, 음성인식, 자동통역, 자연언어 처리 기술 등 인간 활동에 활용되는 사례가 늘어나면서 기대감도 높아지고 있다.

더구나 인간이 하기 어려운 극한작업이나 반복적인 작업을 인공지능이 대체하는 사례가 늘어나면서 삶의 질을 높일 수 있다는 견해들도 제기되고 있다. 기업이나 생산현장에서 생산성 증가와 더불어 매출이 증가하는 것도 긍정적인 측면으로 보고 있다. 그리고 실생활에서 편리성이 향상되고 있다는 측면도 인공지능에 긍정적이다.

긍정론 시각을 제시하는 대표적인 사람이 아마존(Amazon) 사장인 제프 베조스(Jeff Bezos)이다. 그는 아마존 사례처럼 기계학습으로 기업의 성과를 높일 수 있다고 주장한다. 2017년 워싱턴 DC에서 열린 'Internet Association Conference' 연설에서 "기계학습의 발달로 모든 비즈니스와 정부 기관이 보다 나은 서비스가 가능하게 될 것이다. 그리고 아마존의 웹사이트를 통해서 모든 조직이 기계학습의 혜택을 받을 수 있게 될 것"이라고 주장하였다(Geek Wire, 2017).

페이스북 공동창업자인 마크 저커버그(Mark Zuckerberg)는 "인공지능이 생활을 향상시킬 수 있다"고 주장한다(CNET Japan, 2017). 그리고 인공지능은 인류가 직면하고 있는 현실적인 문제나 지성의 잠재적 능력을 해명하는 돌파구가 된다(NHK, 2017)고 보고 있기도 하다.

기대론은 범용 인공지능(AGI: Artificial General Intelligence), 기술적 특

이점 단계를 부정하는 입장이다. 그리고 인공지능의 개발에는 인간이 일정한 가이드라인을 가지고 참여하기 때문에 위협론에서 상정하는 인공지능이 실현되기 어렵다고 본다. 기대론에서는 인공지능은 인간이 제어할 수 있는 시스템이나 기계로 인식한다.

미래 사회에 닥칠 문제 해결수단으로 인식

독일 정부가 2011년 제시한 '산업 4.0(Industry 4.0)'은 생산과정에서 기계가 스스로 학습하고, 기계의 상호 작용 속에서 정보를 주고받는 스마트 공장(Smart Factory)이 정책적 목표이다. 기계와 기계가 정보를 상호 교환하는 지식기반 생산 시스템(Intelligence Production System)은 궁극적으로 인간의 관여를 필요로 하지 않는 공장을 상정한다. 이러한 생산 시스템은 생산과정에 인간의 노동이 투입되지 않는 공장을 추구한다. 이러한 정책적 비전은 인구감소 사회를 상정하고 있다. 인구감소로 발생하는 노동력 부족을 공장 자동화로 해결한다는 발상이다. 결국 인공지능 사회를 실현한다는 시도이다.

일본에서도 인공지능 사회의 정책적 비전으로 '소사이어티 5.0(Society 5.0)'을 제시하고 있다. 소사이어티 5.0은 사이버 공간과 현실적 공간이 고도로 융합되는 사회이다. 두 공간의 융합으로 지속적인 경제발전은 물론 일본 사회가 직면한 사회적 과제를 해결한다는 발상이다. 소사이어티 5.0은 IoT, AI, 로봇, 자율주행차 등을 기반으로 하는 4차 산업혁명 사회를 상정한다. IoT 사회가 진전되면서 모든 사물이 상호 연결되어 정보를 공유하고 그것을 기반으로 새로운 가치가 만들어지는 사회를 상정한다.

그리고 AI가 방대한 정보를 수집, 해석함으로써 인간은 번거롭고 힘든 노동으로부터 해방되는 사회를 상정한다. 특히 로봇, 자율주행 자동차 같은 인공지능에 기반한 초고도 지식 시스템의 활용으로 인간의 가능성이 확대되는 사회를 목표로 한다. 이러한 사회는 인간의 행복감이 증대되는 인간중심의 사회이다.

한국에서도 4차 산업혁명위원회가 만들어지고 여기서 목표로 상정한 미래상은 "인공지능, 빅데이터, 초연결로 인해 만들어지는 지능화 혁명 사회"이다. 4차 산업혁명 사회는 모두가 행복한 사람 중심의 사회를 상정한다. 결국 앞으로 다가올 4차 산업혁명 사회는 인간 중심의 사회의 실현이다.

인간 본연의 삶에 집중할 수 있는 사회

인공지능에 대한 기대론에서는 인공지능 기술의 발전은 자본주의 경제체제 자체에도 변화를 가져올 것으로 본다. 장기적으로는 인공지능이 인간의 노동을 대체하는 비율이 증가하게 되면서 경제구조에도 변화가 불가피하게 될 것이다. 지금까지 자본주의는 노동자가 기계를 사용하여 상품을 생산하는 경제를 전제로 하였다. 그러나 2030년 이후 범용 인공지능의 출현으로 기계가 노동자의 조작 없이 상품을 생산하는 경제구조로 변화하게 될 것이다. 이러한 경제를 '순수 기계화 경제' '자본주의 2.0'이라고 부르기도 한다(日本經濟新聞社, 2018).

순수기계화경제 시대에서 인간은 탈노동화되어 대부분의 노동은 범용 인공지능이나 로봇이 담당하게 될 것이다. 인간은 노동으로부터 해방되어 인간 본연의 삶에 집중하게 될 것으로 본다. 노동의 즐거움을 맛보기 위한 노동, 자기만족을 위한 노동은 남아 있을 수 있지만 임금을 얻기 위한 노동은 사라지게 될 것으로 보고 있다(井上洋智, 2017).

2030년 이후, 인간은 노동으로부터 해방되면서 보다 인간다운 삶에 집중할 수 있게 될지도 모른다. 지금과 같이 생계를 꾸리기 위해서 공장에서 일을 하는 것이 아니라 공장에서 노동은 로봇이 담당하고 인간은 예술이나 철학 같은 창작활동에 전념할 수 있게 될 수도 있을 것이다. 순수기계화경제 시대에서 생활에 필요한 비용은 기본소득제도를 통해서 해결될 수 있을 것이다. 최근 경제학 분야에서 다시금 기본소득제도가 활발하게 논의되는 이유도 여기에 있다.

특히 일본 사회에서는 인공지능 사회에 대한 기대론이 높다. 그 이유는 인공지능이 고령화 사회에서 발생하는 다양한 문제를 해결할 수 있는 '새로운 수단', '최적의 수단'으로 인식하기 때문이다. 자율주행 자동차는 트럭기사, 택배기사, 택시기사 등이 부족하다는 문제를 해결해줄 것으로 기대하고 있다. 더구나 농촌지역에서 고령자가 직면한 이동 문제 해결을 위한 '최적의 수단'이 될 것으로 보고 있다.

고령화는 농업 분야에서도 곤란에 직면할 것으로 예상하고 있다. 그러나 농업 분야에서 IoT, AI, 빅데이터, 로봇 도입은 향후 10년 간 GDP에서 농업이 차지하는 비율을 30%까지 증가시키고 수출도 1조엔(한화 약 11조 원) 이상으로 늘어날 것으로 기대하고 있다(窪田新之助, 2017).

제2부

일상의 인공지능들

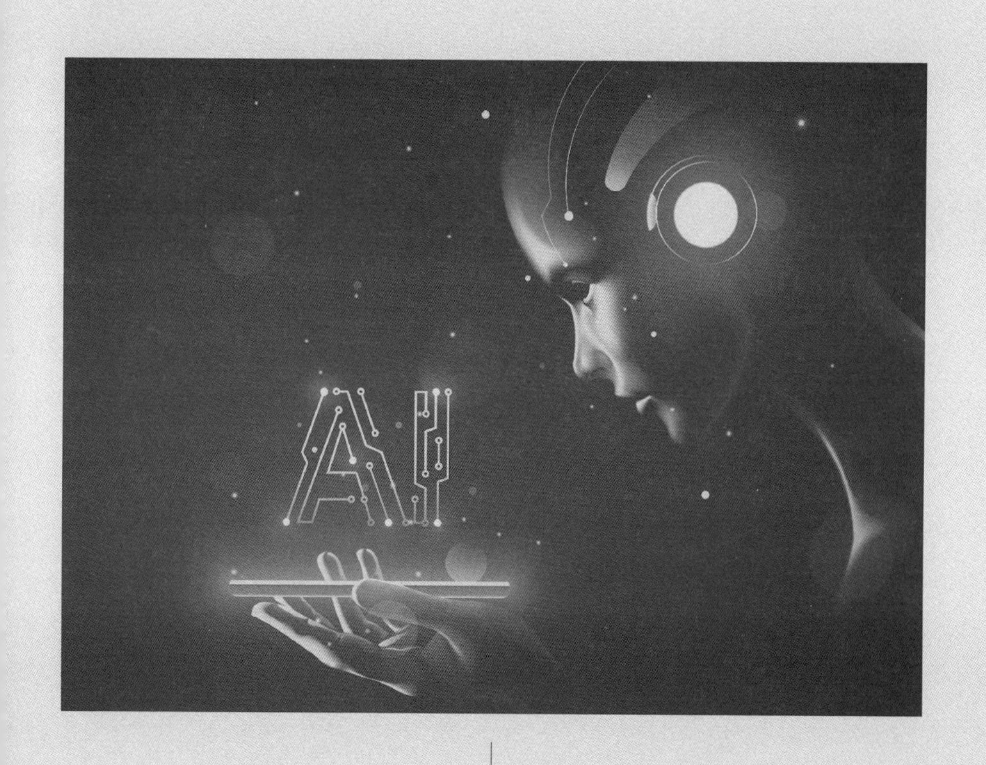

3장

일상에서 만나는 인공지능(AI)

— 빨라지는 AI의 진화

바둑, 장기, 체스를 한꺼번에 제패한 '알파제로'

2018년 12월 6일, 과학전문지 〈사이언스〉 인터넷판은 미국 구글의 딥마인드 사가 개발한 인공지능(AI) '알파제로'가 독학으로 바둑, 장기, 체스를 마스터하여 각 분야에서 최강으로 알려진 프로그램에 승리했다고 발표했다. 알파제로는 바둑판, 장기판, 체스판과 같이 판 위에서 하는 게임에는 전부 대응할 수 있다고 한다.

지금까지 인공지능의 한계는 특화된 분야에서만 능력을 발휘한다는 점이었다. 그러나 이번에 바둑, 장기, 체스를 한꺼번에 마스터하고 각 분야에서 최강으로 알려진 프로그램에 승리하였다. 이러한 결과는 판 위에서 하는 게임이라는 특정 분야이기는 하지만 범용성을 확보해가고 있다고 볼 수도 있을 것이다.

Photograph - Yonhap, Reuters

알파제로가 판 위에서 하는 게임에는 전부 대응할 수 있지만 포커게임 같이 상대방의 카드를 예측하기 어려운 게임은 쉽지 않을 것으로 본다. 특히 여러 사람이 동시에 참여하는 게임은 더욱 쉽지 않을 것이다. 뿐만 아니라 보다 복잡한 컴퓨터 게임에 도전하는 것은 향후의 과제 중 하나일 것이다.

로봇 페퍼가 안내하는 음식점

인공지능 기술이 발전하면서 우리의 일상에서 다양한 시도들을 접할 수 있게 되었다. 기차역이나 지하철역에는 환승 방법을 설명하는 로봇이 활용되고 있다. 인공지능 로봇들은 여러 나라 언어를 사용할 수 있어서 특히 외국인에게는 편리하다.

호텔 로비에서
안내하는 로봇 페퍼

생선초밥 가게에서
손님에게 번호표를 배부하는 로봇

부동산중개업소에서 안내하는 페퍼

일본의 전철역뿐만 아니라 호텔에는 로봇 페퍼가 인근 관광지나 맛집을 안내해주는 경우가 있다. 호텔에 대한 안내와 더불어 아침에 산책을 할 수 있는 코스도 알려준다. 기차나 버스를 타고 멀리 갈 수 있는 여행지도 추천해준다. 그리고 로봇이 인근 맛집 정보와 연락처를 가르쳐주기도 하고 직접 연락해주기도 한다. 더 도움이 되는 정보는 할인권 같은 부가 서비스도 제공해준다는 점이다.

일본에서 로봇 페퍼를 가장 자주 만날 수 있는 곳은 음식점이다. 특히 생선초밥집에 가면 입구에서 번호표를 발급해주기도 하고 순서가 되면 자리를 안내해주는 역할을 한다. 회전 초밥집은 대체로 가격경쟁이 심한 곳이다. 생산단가를 낮추기 위해서는 인건비를 줄여야 하는데 이런 목적으로 로봇 직원을 채용한다. 손님이 오면 간단한 대화도 가능하므로 충분히 대처할 수 있다. 어린아이들이 오면 얼굴을 맞추고 대화를 하기도 하면서 기다리는 동안 지루하지 않게 할 수 있다는 장점도 있다.

핸드폰 대리점에서도 로봇 페퍼가 상담을 하는 경우도 있다. 음성인식이 가능한 로봇 페퍼나 챗봇(chatterbot)이 대응해준다. 이렇게 로봇하고 상담하면 할인해주는 장점도 있다. 사진관에 가도 로봇 페퍼가 안내해준다. 사진의 크기나 앨범제작 여부, 사진이 완성되는 시간 등을 알려준다. 매장에서 안내해주는 기능치고는 꽤 괜찮은 역할을 담당한다.

대형 옷 가게에서도 로봇 페퍼의 안내를 받을 수 있다. 유니클로 매장에서 로봇 페퍼가 안내를 돕기고 한다. 남자들이 이용하는 매장이 여러 층에 걸쳐서 있을 때 안내를 받으면 편리하게 이용할 수 있다. 입구에서 로봇 페퍼에게 "남자용 긴팔 남방을 사고 싶은데 어디로 가야 하지?" 하고 물으면 "8층 오른쪽 코너에 있습니다" 하고 알려준다. 실제로 다가가서 묻지 않아도 말을 걸어온다. 필자가 남자라는 사실을 인식하고 남

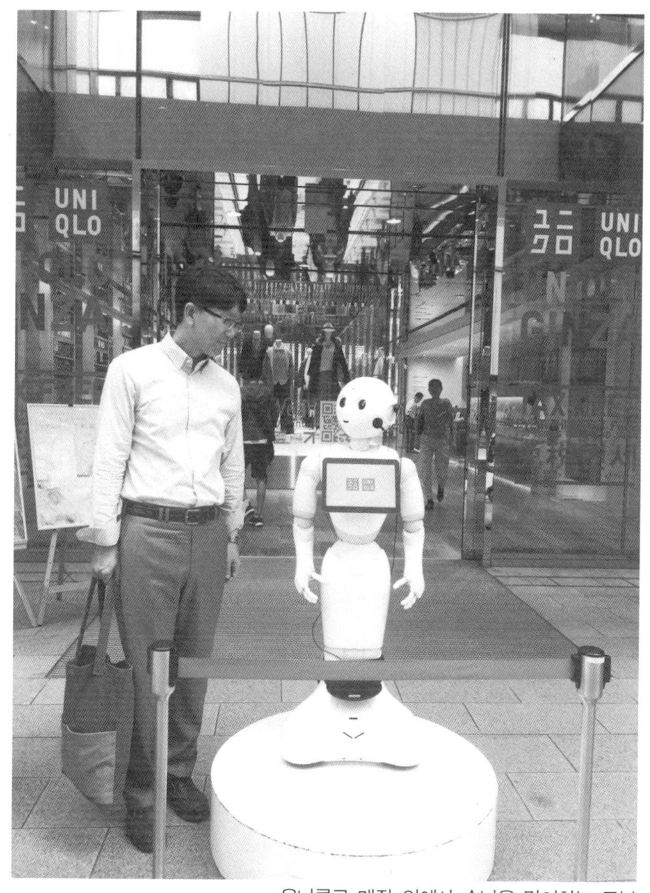

유니클로 매장 앞에서 손님을 맞이하는 로봇

자 옷이 진열된 층수를 알려준다.

이렇게 매장을 안내해주는 로봇을 어렵지 않게 발견할 수 있다. 전자 제품을 판매하는 대형매장에서도 마찬가지이다. 상업시설이나 서비스 관련 시설뿐만 아니라 관공서에도 도입되어 있다. 일본의 시청, 구청, 사회복지시설 등에서는 업무담당자와 해당 위치를 알려준다. 누구나 처음에 찾아간 경우 업무부서나 담당자를 모르기 때문에 유용하게 안내 받을 수 있다.

동경과 나고야 지역에서는 AI 택시를 운행

2016년부터 동경과 나고야 지역에서는 AI 택시가 운행되고 있다. 동경 지역에 1,350대, 나고야 지역에 1,300대가 영업 중이다. AI 택시는 인구통계 데이터와 과거 13년간의 승하차 데이터, 택시 운행 데이터, 날씨, 건물 데이터(POI), NTT Dokomo 위치정보시스템, 전파 데이터 등을 활용한다. AI 택시는 택시 운전기사 부족 문제를 해결하기 위한 방안으로 개발하였다.

일본 사회는 급격한 고령화로 고령자들의 이동권 문제 해결이 중요한 과제로 등장하였다. 고령자이면서 이동에 곤란을 겪는 '이동 약자'가 약 700만 명 이상 존재한다. 향후 '자동운전택시'가 가시화된다면 고령자의 이동 문제는 해결될 수 있을 것이다. 그리고 현재와 같이 '이동예측기술'이 발전한다면 '이동혁명'이 실현될 것이다. AI 택시는 인간을 보조하는 기술 영역이다. 향후 운전자의 직업을 대체하기보다는 AI 택시회사 대 일반택시회사 간 격차가 사회적 쟁점으로 등장하게 될 것이다. 왜냐하면 AI 택시와 일반택시 사이에는 승차율에서 현격한 차이를 보일 수 있기 때문이다.

소프트뱅크는 신입사원 채용에 AI가 면접

일본의 소프트뱅크(Softbank)는 2017년 5월, 신입사원 채용 면접에 IBM의 왓슨을 도입하여 활용하기 시작하였다. 자연언어 처리, 해석능력을 가진 인공지능(AI)에게 과거 입사 데이터를 학습시키고, 신입사원 채용 때 심사, 판단하게 한다. AI에게 채용 면접을 맡기는 것에 대해서 의아해 하는 사람도 있을 것이다. 그러나 심사결과를 보면 AI가 합격자로 결정한 1,500명, 반대로 불합격자로 판정한 1,500명의 데이터를 인사담당자에게도 면접 심사를 실시한 결과, 최종결과가 거의 비슷한 것으로 나타났다(IT Media, 2017).

오히려 AI 면접관에 의한 평가는 인간의 주관적 평가를 배제하여 공정한 선발이 가능하다고 보고 있다. AI에게 딥 러닝을 학습시키면 공정한 기준에 따라 유능한 인재를 선발할 수 있다는 것이다.

실제로 소프트뱅크의 신입사원 채용에는 만 명 정도가 입사원서를 제출한다. 이 중에서 최종적으로 채용되는 인원은 400명에서 500명 정도이다. 2016년 신입사원 500명, 2017년 400명, 2018년 380명, 2019년 380명 정도이다. 2018년 이후, 소프트뱅크의 신규채용이 감소하고 있다. 그 이유는 소프트뱅크가 기존의 핸드폰 판매, 통신사업 분야보다는 핀테크, 클라우드 사업 등의 신규 사업을 확장하고 있기 때문이다. 새로운 분야는 기존의 자사 사원이나 신규사원으로는 기술교육 등 추가적인 교육이 필요하기 때문에 경력사원 채용을 늘리고 있어서이다. 경력사원 채용은 2016년 100명에서 2017년 200명, 2018년에는 300명까지 증가하였다.

소프트뱅크의 입사전형은 서류전형(Entry Sheet)과 면접으로 이루어진다. 서류전형에는 입사지원서, 자기소개서 그리고 특정 주제에 대해서 작성하는 작문(에세이) 등이 포함된다. 먼저, 서류전형은 AI가 채점, 평가한다. 그 결과에 따라서 면접이 이루어지는데 면접전형도 AI에 의해서 이루어진다. AI 면접은 스마트폰이나 컴퓨터를 이용하여 화상면접 형태로 이루어진다. 그리고 소프트뱅크가 개발한 로봇 페퍼와 영상으로 면접이 진행되기도 한다.

소프트뱅크의 AI 면접은 최대 90분까지 이루어진다. 면접이 진행되는 동안 AI 면접관은 지원자의 얼굴표정을 읽고 말하는 내용을 전부 기록, 분석함으로써 세심한 부분까지 평가할 수 있다고 한다. 특히 AI 면접에서는 지원자의 커뮤니케이션 능력에 대한 평가를 중요시한다. AI 면접관은 지원자와 대화과정에서 얼마나 말을 유창하게 하느냐를 평가하는 것이 아니라 질문에 정확하게 답을 하고 있는지를 중시한다. 즉 정해진 주제에 따라 질문과 대답이 정확하게 오고 가고 있는지를 평가한다. 이해력, 표현력 그리고 커뮤니케이션 능력을 평가하는 것이다. 실제로 소프트뱅크의 AI 면접에서는 주제별로 100가지 질문과 대답이 저장되어 있어서 대부분의 질문-응답에 대응할 수 있다고 한다(소프트뱅크 인재채용부 나카무라 과장 인터뷰 기사, IT Media, 2017).

예를 들어 AI 면접관이 지원자에게 "대학생활에서 가장 중점을 둔 부분은 무엇인가요?"라고 물었을 때, 지원자가 "아르바이트입니다." 그러면 AI 면접관은 다시 "어떤 아르바이트를 하셨나요?" 그리고 "그것을 하기 위하여 어떤 노력을 했는지 구체적으로 말씀해주세요"라고 추가 질문한다. 이에 대한 대답이 돌아오면, 그 다음에는 그 "아르바이트를 통해서 어떤 경험이나 가치를 배웠나요?" 등으로 질문을 점점 심화시켜 간다고 한다.

소프트뱅크에서 AI 면접을 하는 이유는 첫째, 신입사원 채용업무의 효율화이다. 소프트뱅크 인재 채용부 나카무라 과장에 따르면 AI 면접 방식을 도입하자 전체 채용업무가 전에 비해 75% 정도 감소하였다고 한다. 신입사원 채용에 소요되는 업무량이 절대적으로 감소하면서 소프트뱅크에서는 지원자 평가보다는 대신 유능한 인재들이 소프트뱅크에 지원할 수 있도록 회사 홍보활동을 강화하게 되었다.

그리고 채용 방식에도 획기적인 변화를 가져왔다. 기존에는 지원자의 서류심사 및 면접에 소요되는 시간이 지나치게 방대하여 지원자 외에 회사가 필요로 하는 인재를 찾으러 갈 여유가 없었다. 그러나 AI 면접시스템 도입 이후에는 전국의 대학이나 외국 대학을 대상으로 신규 사업에 필요한 회사 설명회 그리고 개인 면접, 입사 설득에 중점을 둘 수 있게 되었다.

두 번째 이유는 공정한 기준 그리고 세심한 평가로 유능한 신입사원을 채용하기 위해서이다. AI 면접은 인공지능이 통일된 기준으로 평가할 수 있다는 장점이 있다. 기존의 인사면접관의 면접에서는 개인적인 선입견, 감정, 그리고 당시의 상황이나 기분에도 영향을 받을 수 있다는 점이 종종 지적되었다. 그래서 면접 순서, 면접관의 기분, 면접관과의 개인적인 관계 등 '운'에 의해서 좌우되는 요인이 존재하였다. 그러나 AI 면접은 이러한 요인들을 배제할 수 있다는 점에서 객관적이고 공정한 평가가 가능하다.

셋째, 앞에서도 설명한 바와 같이 스마트 폰이나 화상면접방식으로 언제, 어디서나 최대 90분 동안 지원자가 자신을 어필할 수 있는 기회를 충분하게 가질 수 있다는 점이다. 인사담당관과 진행되는 면접에서 장시간 면접은 물리적으로 불가능하다.

그렇지만 이러한 AI 면접은 장점에도 불구하고 문제점도 존재한다. 문제점으로 지적되는 것은, 우선 인공지능이 특정 지원자에 대해서 무엇을 어떻게 평가하였는지 전혀 설명하지 못한다는 점이다. AI 면접은 정해진 알고리즘에 따라서 지원자에 대한 서류심사, 면접전형을 진행하지만, 그 과정에 대한 설명이 불가능하다. 단지 결과만 존재한다. 이렇게 지원자에 대한 평가과정이 '블랙박스화'되는 것에 대한 거부반응이 존재한다.

실제로 HR종합연구소가 2019년 발표한 "2019년 졸업생 취업활동 동향조사"에 따르면, AI 채용에 대해서 찬성보다는 반대의견이 더 높다. 문과 학생의 경우 찬성 19%, 유보 42%, 그리고 반대는 39%였다. 이과 학생은 찬성 25%, 유보 42%, 반대 33%로 나타났다. 학생들의 의견은 좋다 또는 나쁘다, 어느 쪽으로도 평가하지 못하는 '유보 의견'이 가장 높았다. 그렇지만 찬성보다는 반대의견이 문과 학생들의 경우 2배 이상 높았다.

AI 채용을 반대하는 이유는 "공정하기는 하지만 기계는 인간의 마음이 없어서", "지원자들이 시간과 정성을 들여서 지원서를 작성하여 제출하였으므로 기업에서도 시간을 투자해서 평가해주길 바라서", "인공지능이 어느 정도까지 판단 가능한지 불명확하므로", "사람의 능력에는 기계가 측정하기 어려운 부분이 존재하므로", "실제로 회사에서 일하는 것은 사람과 사람이 하므로 사람이 평가해주길 바라므로", "인공지능이 채용 불가 판정을 내린다면 납득할 수 없으므로" 등으로 나왔다.

찬성하는 이유는 "인간보다 더 공평하게 평가할 수 있으므로", "지원서 평가는 반드시 인간이 하지 않아도 된다고 생각하기 때문에", "기계적인 평가로 업무를 효율화함으로써 나머지 시간에 면접시간 연장, 인간성이나 능력을 평가 받을 수 있는 시간 확보가 가능하기 때문에", "채용기준이 명확하고 주관적 감정 없이 평가 받을 수 있어서", "입사지원서는 본래 기준에 미달하는 사람을 골라내는 일이라서 인공지능이 평가해도 되므로", "인터넷이나 학원 등에서 일률적으로 작성한 지원서를 거를 수 있어서" 등으로 나왔다.

AI와 커뮤니케이션 능력이 취업 조건이 되는 사회

지금까지 살펴본 AI 면접 상황을 보면 여전히 인공지능의 공정성에 대한 신뢰가 부족함을 알 수 있다. 기업들이 내세우는 장점보다는 여전히 AI 면접 시스템 자체에 대한 불신이 존재한다. 아마도 그 이유는 AI 면접이 기업의 업무 효율성 때문에 도입되었다는 점과 AI 면접의 알고리즘에 따라서 결과가 좌우된다는 인식 때문이라고 생각된다. 더구나 AI 면접이 채용결과만을 중시하고 채용과정에 대한 설명을 명확하게 제시하지 못하는 한계 때문에 지원자들은 더 반대하고 있다고 생각한다.

현재 AI 면접을 검토하고 있는 비율은 대기업 26%, 중소기업은 24% 등으로 나타났다. 결국, 조만간 기업의 30% 이상이 AI 면접으로 신입사원을 채용할 것으로 예상된다. 이러한 흐름을 고려할 때 향후에는 인공지능에게 자신을 어필할 수 있는 커뮤니케이션 능력을 겸비해야만 희망하는 기업에 취업할 수 있는 시대가 될 것이다.

지역정보는 챗봇으로 제공

최근에는 지방자치단체에서도 인공지능 챗봇으로 다양한 주민서비스를 제공하고 있다. 동경의 미나토구에서는 2017년부터 지역에 거주하는 외국인에게 영어와 일본어로 '생활정보서비스'를 제공한다. 재난예방, 쓰레기 분류, 학교정보, 지역의 문화정보 등을 제공한다. 미나토구에 거주하는 외국인은 전체 구민의 8%를 차지한다.

구마모토현에서는 인공지능(AI)으로 육아 상담을 진행하고 있다. 핵가족이 증가하면서 젊은 부부들의 육아에 대한 고민이 늘어나고 있다. 주위에서 도움을 받을 수 있는 환경이 마련되지 않으므로 육아에 대한 스트레스가 증가하고 우울증에 걸리는 사례도 늘어나고 있다. 이러한 문제를 해결하기 위하여 주민은 챗봇, 라인(LINE)으로 상담이 가능하다.

지역의 관광이나 맛집 정보, 이주 관련 정책을 챗봇으로 제공하고 있는 곳이 오카야마현 동부 지역에 있는 작은 마을인 와케이다. 와케 지역에서는 IBM 왓슨을 활용하여 인공지능(AI) 챗봇 '에디아(Edia)'를 개발하였다. 이주를 희망하는 도시민을 위해 개발된 챗봇 에디아는 마을 홈페이지, 라인(LINE)으로도 이용가능하다. 개설 이후 한 달 만에 5,000건 이상 이용되어 유명해졌다. 특히 외지인이 이 지역으로 이주를 고려하는 경우, 자신의 신분이 노출되지 않고 필요한 정보를 전부 얻을 수 있다는 점에서 호평이다.

필자가 와케 지역의 챗봇에게 "이주자를 지원하는 제도가 있나요?" 하고 물었다. 챗봇은 우리 지역에서 창업을 하는 경우 창업자금을 지원해주고 있으며, 자세한 내용은 "이주전용 사이트(WAKESUM)를 참고하라"고 하면서 URL도 알려주었다. 영어로도 이주에 관한 내용을 알려주고 있다. 필자가 위치를 물었더니 주소와 지도를 첨부해준다.

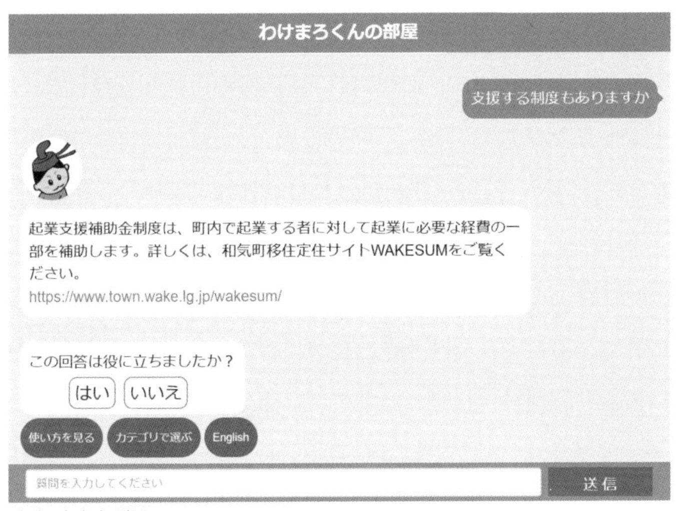

와케 지역의 챗봇

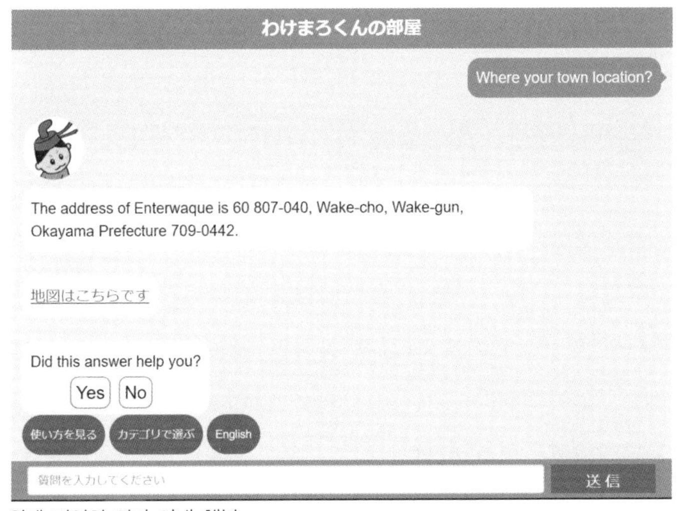

와케 지역의 영어 안내 챗봇

인간과 토론하는 인공지능(AI) 등장

2019년 2월, IBM은 '디베이터 프로젝트(Project Debater)' 연구결과를 발표하였다. IBM은 이스라엘에 설치한 연구소 'IBM 하이파 연구소'에서 디베이터 프로젝트를 7년간에 걸쳐서 연구해왔다. 연구결과 발표는 IBM이 디베이터 프로젝트를 통해서 개발한 AI 시스템이 인간 디베이트 챔피언과 대결하는 형식이었다. IBM의 AI 시스템과 대결하는 상대는 영국인 하리시 나타라얀(Harish Natarajan)이다. 이 사람은 2016년 세계 디베이트 대회(World Debating Championships)에서 최우수상을 수상한 챔피언이다. 2012년 유럽 디베이트 대회에서도 챔피언이 된 최고의 실력자이다.

그럼 IBM이 공개한 내용을 토대로 AI 시스템과 인간 챔피언이 격돌한 디베이트 대결을 살펴보기로 하자(IBM Research, 2019).

AI 시스템과 디베이트 대결은 다른 토론대회와 마찬가지로 주제에 대한 '찬성', '반대' 의견을 주장하는 형식으로 진행되었다. 대결 진행 방법은, 우선 AI 시스템과 인간 챔피언이 4분씩 '입론 발표'를 하고, 그 다음에는 상대방 주장에 대한 '반박', 마지막에 2분씩 '결론 발표'를 하는 형식이다. 승패는 청중들의 의견변화로 결정하였다. 즉 디베이트를 시작하기 전과 후에, 주제에 대한 청중들의 입장을 조사해서 변화한 정도로 판정했다.

이날 채택된 주제는 '정부는 유치원교육에 지원금(보조금)을 제공해야 할 것인가?'였다. 디베이트 대결에 참석한 청중들의 의견은 찬성 79%, 반대 13%로 파악되었다. 그리고 디베이트 이후 청중들의 의견은 찬성 62%, 반대 30%로 변화하였다.

인간과 AI 시스템의 디베이트 대결에서 사람이 '반대' 입장, AI 시스템이 '찬성' 입장으로 참여하였다. 결과를 보면 찬성은 17%p 감소, 반대는 17%p 증가하였다(IBM Project Debater, 2019). 인공지능이 '찬성' 입장인데, 결과적으로 디베이트 이후 찬성 입장의 비율이 줄었다.

이날 제1라운드 토론에서 AI 시스템은 이런 주제에는 언제나 찬성하는 사람이 많은 점에 주목하여 관련 데이터와 설문조사를 인용하여 자신의 주장을 전개하였다. "가난한 사회적 약자를 지원하는 것은 재정적인 문제로만 볼 것이 아니라 윤리적, 정치적인 문제와도 관련이 있다"고 주장하였다. AI 시스템은 '경제협력개발기구(OECD)'가 유치원에 보조금 지원을 권고하고 있다며 지원의 정당성을 주장하였다. 그리고 찬성에 필요한 통계자료를 국립유치원교육연구소(National Institute of Early Education Research)에서 가져와서 "수준 높은 유치원 교육은 장기적으로 학업뿐만 아니라 사회적으로도 커다란 혜택을 가져 온다"라고 주장하였다. 그러므로 유치원 교육에 대한 지원은 실제 투자한 비용보다 효과가 크다는 점에서 정부지원에 찬성하는 주장을 전개하였다(DiGITALIST, 2019).

이에 대하여 인간 챔피언은 "정부의 지원금이 실제로 사회적 취약계층에게 도움이 되고 있는지 의문"을 제기하면서 "이미 유치원에 아이들을 보내고 있는 중산층만 이롭게 한다"고 주장하였다. 이러한 측면을 고려한다면 국민의 세금을 제대로 쓰고 있지 않다고 반대 입장을 주장하였다.

제2라운드 '반론'에서는 인간 챔피언과 AI 시스템이 상대가 펼친 '입론'에 대해서 반박했다. AI 시스템은 "유치원 교육에 보조금을 지원하는 것보다 더 중요한 분야에 지출해야 한다"는 인간의 주장에 대해 "유치원 지원이야말로 중요한 분야"라고 지적하였다. 그 이유로 "저소득층에게 자녀들에 대한 지원은 부모가 일할 수 있는 기회를 제공하는 효과가 있다"는 조사 결과를 제시하면서 반박하였다. 그리고 아이들이 유치원에 다니는 효과는 "어린이의 성장발달, 학업 성취도, 범죄예방의 효과가 있다"고 보조금 지원의 정당성을 반복하였다(DiGITALIST, 2019.4.18).

이러한 AI 시스템의 반박에 대해서 인간은 "보조금 지원이 이루어져 질 높은 유치원 교육이 이루어진다고 해도 모든 아이들이 다닐 수 있는 것은 아니다." 그리고 "현실적으로 정부의 재정이 적자임에도 불구하고 정부가 유치원 보조금 지원을 늘리는 것은 올바른 선택이 아니다"라고 주장하였다. 더구나 범죄 예방과 관련해서는 "유치원에 대한 투자로 해결될 문제가 아니다"라는 반박 논리를 전개하였다.

인간 챔피언이 AI 시스템에게 승리

결국 디베이트 대결에서 인간 챔피언이 AI 시스템에게 승리하였다. 승패도 중요하지만, 토론과정을 살펴보면 AI 시스템과 인간은 각자의 특성을 잘 살려서 토론에 임하고 있다는 점을 발견할 수 있다. 우선, AI 시스템은 검색 능력이 뛰어나므로 다양한 보고서나 통계 자료를 인용하면서 찬성 입장에 섰다. AI 시스템 스스로가 생각한 것이 아니라 온라인상에 존재하는 정보나 통계를 활용하였다.

이에 대하여 인간 챔피언은 다른 연구기관이 발표한 보고서, 통계자료보다는 자기 스스로 생각한 논리를 중심으로 논리를 세우고(입론), 반박 주장에 임하고 있다. 즉 인간 스스로가 가지고 있는 논리성, 창의성에 입각하여 설득적으로 주장을 전개하였다(참고: 유튜브 동영상 'IBM Project Debater', 2019.2.11).

역시 아직까지 이러한 토론에서 인공지능(AI)이 인간의 능력에는 미치지 못하는 것으로 보인다. 지금까지 인공지능(AI)은 대량의 데이터를 순식간에 분석하는 능력이 뛰어나다고 평가되어왔다. 그 대신 논리적으로 생각하고 상대방 주장에 대해서 반박하는 것은 거의 불가능하다고 생각해왔다. 그렇지만 인공지능도 이제는 상대방의 주장을 이해하는 단계까지 발전하고 있다. 더 나아가 이러한 이해를 바탕으로 반박하는 논리까지 만들 수 있는 단계로 진화하고 있다. 그러한 진화를 확인할 수 있다는 측면에서 이번 토론은 매우 의미 있는 시도였다고 평가할 수 있다.

IBM은 이 디베이터 프로젝트를 진행하면서 막대한 분량의 데이터베이스를 구축하였다. 신문, 보고서, 학술잡지 등에서 관련 자료로서 100억 개 이상 문장으로 구성된 지식 DB를 만들었다. AI 시스템은 디베이트에 참여하면서 주제와 관련된 내용을 지식 DB에서 검색하여 논리적 주장에 활용하였다. 특히 디베이트의 경우 상대방의 언어표현, 찬성, 반대하는 입장, 설명하는 의도까지 파악하는 것이 필요하므로 오랜 시간이 소요된 것으로 보인다.

한국정치학회에서 논문 발표하는 로봇: 즉석에서 질문과 응답도 진행함.

상대방의 주장을 이해하는 단계까지 발전

AI 시스템이 디베이트에 참여하는 과정을 살펴보면 인간과 인공지능(AI)의 차이가 명확하게 드러났다는 점을 알 수 있다. 우리 인간은 상대방의 언어를 이해하고 어떤 주제에 대해서 찬성, 반대의 입장을 이해하는 것이 어렵지 않다. 그리고 상대방의 말하는 표정으로도 확신을 가지고 자신의 의견을 표현하고 있는지, 또는 자신 없어 하는지도 알 수 있다. 상대방의 애매모호한 표현 속에서 찬성, 반대를 구분하는 것도 가능하다. 그러나 AI 시스템은 상대방의 애매모호한 표현은 이해하기가 쉽지 않다. 더구나 토론은 단어가 가지는 다양한 의미와 전후 맥락을 파악해야 가능하므로 AI 시스템에게는 쉽지 않을 수도 있다.

결국 인간에게는 간단하게 이해 가능한 것이 AI 시스템에게는 고난이도의 기술이 필요하거나 불가능한 것일 수도 있다. IBM 디베이터 프로젝트 연구에 참여한 노암 슬로님(Noam Slonim)은 이렇게 인간에게는 당연한 능력이 AI 시스템에게는 매우 어려운 난관이라는 점을 인정하였다(DiGITALIST, 2019).

IBM이 밝힌 디베이터 프로젝트 연구의 목적은 인간의 판단을 지원하는 AI 시스템을 개발하기 위함이었다고 한다. 우리가 의사결정이나 문제를 해결하는 과정에는 다양한 정보가 필요하다. 합리적인 의사결정이나 논리적인 주장이 필요한 경우 각종 통계, 조사결과 등을 AI 시스템에게 지원받을 수 있다면 보다 현명한 판단, 최적의 문제해결방안을 도출하는 데 도움이 될 것이다. 이러한 측면에서는 AI 시스템은 인간에게 매우 '유익한 도구'가 될 것이다.

감정을 인식하고 표현하는 인공지능?

다음으로 감정인식 인공지능(AI)에 대해서 이야기해보겠다. 다른 사람의 감정을 파악하는 것은 누구에게나 간단하지 않다. 하물며 로봇이나 인공지능(AI)이 인간의 감정을 인식하는 것은 더 어렵다. 하지만 사람들의 감정은 얼굴 표정이나 혈색, 맥박 수, 목소리, 동작 등을 통해서 표현된다. 그러므로 감정인식 AI에게는 얼굴표정을 패턴화하여 기억시키고, 목소리의 고저, 주파수 변화 등을 기억시킬 수 있을 것이다.

미국의 인공지능(AI) 개발회사 '아프덱스(Affdex)'는 감정인식 AI를 개발하였다. 이 회사는 감정인식 AI를 개발하기 위해서 87개 국가, 700만 명의 얼굴 표정을 학습시켰다. 700만 명이 표출하는 감정은 40억 가지 얼굴 표정이라고 한다. 전체 40억 개 얼굴 표정을 표출하는 감정에 따라 21종류의 표정, 그리고 7종류의 감정으로 분류하였다(AIsmiley Magazine, 2019.5.30). 이러한 학습과정을 거친 감정인식 AI가 사람들의 표정을 보면 어떤 감정인지를 금방 알 수 있다고 한다.

이렇게 사람의 감정을 인식하는 AI 시스템은 현재 미국에서 실제로 활용되고 있다.

가장 대표적으로 활용되는 분야가 신제품에 대한 소비자들의 만족도 조사이다. 신제품을 소비자가 사용하고 나서 보이는 표정을 카메라 모니터로 인식하는 것이다. 또는 소비자가 신제품 광고를 보고 긍정적인 반응을 보이는지, 아니면 부정적인 반응을 보이는지 파악할 수 있다고 한다. 특히 특정한 계층을 대상으로 광고를 만든 경우, 그 대상들이 보여주는 반응이 긍정적인지 부정적인지를 판단할 수 있다고 한다.

감정인식 AI를 버스에 설치하는 경우도 있는데 이는 버스 운전사의 컨디션이나 감정을 인식할 수 있기 때문에 고객의 안전에도 도움이 된다고 한다. 감정인식 AI는 학교에서 과제나 학습내용을 어느 정도 이해하고 있는지에 활용되고 있기도 하다(AIsmiley Magazine, 2019.5.30). 감정인식 AI가 학생들의 표정으로 감정을 분석하여 과제의 난이도를 자동으로 조정하기도 한다.

AI가 국민의 행복도를 측정하는 아랍에미리트

아랍에미리트(UAE)에서는 감정인식 AI를 국민의 행복도 측정에 활용하고 있다.

아랍에미리트 정부는 2016년부터 내각에 '행복담당장관'을 임명하고 행복증진정책을 추진하고 있다. 행복담당장관의 주된 역할은 사회적 이익 증대, 교육, 사회 인프라, 정부기관이 제공하는 서비스에 대한 국민의 만족도 향상이다. 이렇게 국가적 프로젝트로 행복증진정책이 추진되면서 아랍에미리트는 2017년 세계행복도 조사에서 아랍지역 국가 중에서 1위, 전 세계에서 21위를 차지하였다. 일본은 53위, 한국 57위, 중국은 83위이다. 1위는 덴마크, 2위 스위스, 3위 아이슬란드, 13위 미국 순이다(유엔 행복도 리포트 2017).

최근 아랍에미리트 정부는 국민의 만족도를 높이는 방법으로 마을이나 인도에 감정인식 AI를 설치하였다. 지역사람이나 통행인의 얼굴 표정으로 행복도를 측정하기 위해서이다. 감정인식 AI는 얼굴표정으로 사람들의 감정을 분석하는데, 불만인 표정이나 불편한 표정이 많이 찍히는 지점이 있는 경우, 자자체나 담당 부서에 이메일로 연락하여 개선방안을 마련하도록 한다. 이 결과 4개 지역에서 주민들의 행복도가 85%에서 92%로 증가하였다고 발표하였다(Gulf News Web Report, 2019.8.20).

국민의 표정이 24시간 감시되는 상황을 우려하여 화상 데이터는 저장하지 않는다고 한다.

그래도 국가가 국민의 표정을 체크한다는 것은 감시를 의미하므로 그다지 행복하지는 않을 것으로 보인다. 어떠한 인공지능도 감시로 인식되는 것은 막아야 할 것이다. 행복도 측정이라는 긍정적인 목적일지라도 감시되거나 국민의 사생활이 침해되는 것은 인공지능이 초래하는 디스토피아가 될 것이기 때문이다.

택배 로봇이 물건을 배달하는 편의점

일본에서는 고령화 사회로 접어들면서 다양한 사회적 문제들이 대두하고 있다. 그중 하나가 슈퍼마켓이나 마트가 없는 시골지역에 사는 고령자들의 쇼핑, 즉 장 보는 문제이다.

고령으로 몸을 자유롭게 움직이지 못하여 장보기 어려운 분들을 '쇼핑난민'이라고 부른다. 이 외에 인구감소로 기존의 대중교통수단이 폐지되거나 극단적으로 줄어든 지역에 사는 주민도 해당된다.

일본에서 철도는 민간 기업이 운영하는 사철이 많다. 이러한 특성을 고려하면 인구가 적은 지역 노선에는 적자가 커지므로 어쩔 수 없이 폐지되기도 한다. 이전에 국가가 운영했던 JR노선도 현재는 민영화되어 민간 기업이 운영하는 철도와 비슷한 상황이다.

이러한 쇼핑난민 문제를 해결하기 위하여 중앙정부는 물론 지방자치단체가 다양한 방안을 모색하고 있다. 택시 이용권을 제공하거나, 심지어 노선버스가 정해진 노선이나 정류장에 멈추는 것이 아니라 요청하면 집에까지 태우러 가는 방식으로 해결하기도 한다.

이렇게 시골지역에서 이동수단을 확보하는 문제는 일본 사회에서 매우 시급한 과제이다. 향후 고령자 인구 비율이 점점 늘어나면, 이동권 문제는 개인의 삶의 질을 좌우하기도 하지만 국가적인 문제로 대두하기 때문이다. 결국 일본에서도 이동 문제를 해결하기 위하여 자율주행 자동차 개발에 국가적인 역량을 집중시키고 있다.

쇼핑난민 문제는 한국의 시골마을에서 볼 수 있는 바와 같이 주기적으로 마을을 방문하는 '야채 차' 방식으로 해결하고 있다. 자동차에 야채, 과일, 고기, 생선, 생필품 등을 싣고 마을로 이동하면서 판매하는 방식이다. 그러나 이동하는 '야채 차' 방식으로는 싣고 다니는 물건에 한계가 있을 수밖에 없다. 이러한 한계를 극복하기 위하여 편의점과 벤처회사가 공동으로 나섰다. 인공지능이 탑재된 무인 로봇으로 편의점에서 주문한 물건을 배달하는 실험이다.

쇼핑 난민을 돕는 택배로봇

2019년 3월, 게이오대학 후지사와 캠퍼스에서 편의점 '로손'과 자율주행 자동차 개발회사 'ZMP'가 실험운행을 시작하였다. 이용자가 전용 어플로 편의점에 상품을 주문하면 높이 1미터, 폭 1미터 정도의 상자형 로봇이 물건을 배달해준다. 이 상자형 로봇은 카메라와 센서기술로 주위 상황을 인식하면서 캠퍼스를 주행한다. 사람이 다가오면 자동으로 멈춘다. 그리고 사람이 피해갈 수 있도록 음성으로 인사를 하기도 한다. 현재는 대학 내의 편의점에서 도시락이나 물건을 구입하면 이것을 특정한 장소나 연구실까지 배달하는 형식으로 실험을 진행하고 있다.

실제로 게이오대학에서 이루어지는 택배로봇은 물건을 배달하는 것뿐만 아니라 물건 값을 받아오는 일도 할 수 있는 로봇이다. 이렇게 로봇이 하는 역할이 점점 늘어나는 것을 보면 이제는 인공지능이 '개발단계'에서 '활용하는 시대'로 변화하고 있음을 절감할 수 있다.

현재 택배로봇이 상품배달 서비스를 학교나 특정한 시설 내에서만 제공하는 이유는 기술적인 문제만은 아니다. 기술적인 한계도 존재하지만 현행 도로교통법에서는 허용하지 않고 있기 때문이다. 이러한 법을 정비하는 것은 매우 중요한 과제 중 하나이다.

택배를 싣고 배달하는 상자형 로봇 (출처: ZMP 홈페이지|https://www.zmp.co.jp)

인공지능 로봇이 물건을 배달하는 서비스는 현재 일부의 사람들만이 이용할 수 있는 사소한 문제로 인식할 수 있다. 하지만 일본과 같이 급격하게 고령화가 진행되는 사회에서는 중요한 문제이다. 일본의 경우 2060년에 65세 이상 고령자 비율이 39.6% 정도로 증가한다는 예상이다. 이러한 현실은 결코 간과할 문제가 아니다. 더구나 현재에도 일본에서는 노동력이 부족하여 택배회사가 운전자를 구하지 못해 택배배달이 어려운 상황이다. 이러한 현실을 고려하면 역시 인공지능이나 로봇의 손을 빌리지 않으면 안 되는 상황이다.

대학교 안에서 이루어지는 택배로봇의 운행 실험이 시골마을에서도 진행되었다. 일본우편주식회사와 'ZMP'는 후쿠시마현 나미에마치에서 실험운행을 진행하였다. 택배로봇은 카리로 델리(CarriRo Deli)라는 이름의 로봇이다. 이 로봇은 카메라와 레이저센서 기술로 주위를 360도 인식할 수 있다. 최대 속도 시속 6km 정도로 자율 주행하는 로봇이다. 필요에 따라서 원격조종도 가능하다. 최대 적재량은 50kg으로 우편물뿐만 아니라 음료, 일상용품 등 다양한 물건을 배달할 수 있다. 특히 농촌지역에 거주하는 고령자나 택배자동차가 마당에 들어가기 어려운 주택까지 물건을 배달한다.

4장

세계 최초 로봇 호텔

— 헨나호텔의 재미있는 발상

직원이 로봇인 호텔

일본 남쪽 나가사키현 사세보시에 '하우스텐보스'라는 리조트 시설이 있다. 하우스텐보스는 네덜란드 풍 건물로 지워진 놀이시설인데 튤립으로 가득 채워진 일본 최대 리조트 유원지 중 하나다. 실제로 규모가 동경의 디즈니랜드와 디즈니 씨를 합한 규모이다. 1992년에 개장하였는데 이 당시에 일본 신혼부부들이 신혼여행을 가장 많이 가는 곳이기도 했다. 그러나 2003년에는 적자로 문을 닫았다가 2010년 재개장하여 제2의 전성기를 누리고 있다. 2017년에는 방문객 수가 288만 명을 넘어섰다고 한다.

여기에 세계에서 최초로 로봇 호텔이 개장했다. 2016년 11월, 로봇이 일하는 최초의 호텔로 기네스 세계기록을 인정받았는데 헨나호텔이 그 주인공이다. 일본어로 '헨나(変な)'는 '이상한', '보통과는 동 떨어진'이라는 의미이다. 그러나 헨나호텔은 이상한 호텔이라는 의미가 아니라 '끝

없이 변화하고 진화'한다는 의미에서 변화(變化)의 일본어 한자 '變(변)'을 따 가지고 와서 붙인 이름이다.

나가사키 하우스텐보스는 여행전문회사인 HIS홀딩스가 운영하고 있다. 그 안에 있는 헨나호텔도 같이 운영한다. 헨나호텔은 인공지능(AI), 로봇, IT 기술, IoT 같은 첨단 기술들이 집약된 시설이라는 점에서 향후 4차 산업혁명 시대 우리의 생활상을 엿볼 수 있는 곳이기도 하다.

기네스북이 인정한 최초의 로봇 호텔

헨나호텔은 2015년 하우스텐보스 안에 제1호 호텔이 개업했다. 개업 당시 여섯 가지 종류의 로봇 82대가 호텔 업무의 대부분을 맡았다. 특히 호텔 프런트에는 공룡로봇과 휴머노이드 로봇(사람의 모습을 한 로봇)이 체크인, 체크아웃을 담당하면서 그야말로 이상한 호텔로 일약 유명해졌다. 일하는 로봇의 수가 2017년에는 25종류, 200대 이상으로 늘어났다. 그 대신 호텔에서 일하는 사람은 2015년 개업 당시 30명에서 2017년에는 5명으로 줄었다(IT Media, 2017.7.12).

헨나호텔은 호텔 예약, 방 배정, 체크인 등이 전부 자동으로 이루어진다. 호텔 프런트에서는 로봇이 맞이해주고 체크인을 도와준다. 프런트에 있는 로봇은 지점 호텔마다 다르다. 동경의 디즈니랜드 근처에 있는 마이하마 헨나호텔은 공룡 로봇이다. 아카사카에 있는 헨나호텔은 남자와 여자의 모습을 한 휴머노이드 로봇이 프런트에 있다.

호텔 체크인은 대체로 다음과 같은 과정으로 이루어진다. 우선, 고객

서울 명동에 있는 헨나 호텔

이 호텔 프런트로 다가가면 휴머노이드 로봇이 "어서오세요~. 예약하셨나요?" 하며 맞이한다.

고객이 "예, 예약했어요"라고 로봇에게 답을 하면 "여권번호나 예약번호를 알려 주세요"라고 다시 말을 건넨다.

그러면서 여권으로 체크인 할 경우에는 "여권을 여권 인식기계에 위에 올려놓아 달라"고 요청한다.

필자의 경우, 회원 가입된 인터넷 사이트에서 예약을 했기 때문에 예약번호로 체크인하였다. 예약번호로 체크인하고 싶다고 하면 로봇이 "예약번호를 불러 달라"고 요청한다. 예약번호를 말하면 휴머노이드 로봇은 고객의 예약정보를 확인해서 화면에 보여준다.

호텔 프런트에 로봇이 있는 모습(명동호텔)

예약이 확인되면 다음으로는 숙박비 결제를 요청한다. 숙박비 결제는 호텔 룸 키를 발행하는 키오스크에서 이루어진다. 로봇이 확인한 예약 화면을 보여주면서 다시 한 번 확인을 요청한다. 확인 버튼을 누르면 금액 확인과 더불어 결제수단을 선택한다. 그러면 결제가 진행된다.

결제가 끝나면 결제정보와 방 번호가 적힌 영수증이 발행된다. 마지막으로 방 키가 자동으로 발행되고 체크인이 종료된다.

실제로 체크인이 종료되면 휴머노이드 로봇이 상냥하게 웃는 모습을 보이면서 "편안하게 주무세요"라고 인사한다.

체크인을 마치고 방으로 이동하기 위해서는 엘리베이터에 방 키를 인식시킨다. 짐이 있는 경우 캐리어 로봇에게 짐을 실으면 방으로 가져다준다. 호텔 방에서도 음성을 인식하는 AI가 전등이나 TV을 켜거나 꺼주는 것도 가능하다. 이 기능은 AI 스피커가 담당한다.

헨나호텔에서는 체크인할 때부터 다양한 언어 서비스를 4개국 언어로 제공한다. 체크인할 때 언어 선택 화면을 보여준다. 일본어, 영어, 중국어, 한국어 순이다. 대부분의 호텔리어들은 영어를 구사할 수 있지만, 모든 나라 사람들에게 대응할 수 있는 것은 아니다. 인공지능(AI)이 탑재된 로봇의 경우, 다언어 대응이 가능하도록 설정하는 것은 그다지 어렵지 않다. 최근 음성인식기술이 발전하면서 다양한 외국어로 대응할 수 있게 되었다. 호텔을 예약할 때 주소, 회원 정보로 국적을 알 수 있다면 자동으로 로봇이 고객의 모국어로 대하는 것도 전혀 어렵지 않다.

헨나호텔에서는 여전히 사람들이 일하고 있지만 프런트나 복도에서 사람을 접하는 기회가 거의 없다. 복도 청소, 잔디 깎기, 소모품 배달, 손님의 물건을 맡기는 것도 로봇이 대행하기 때문이다. 실제로 호텔 프런트에서 유니폼을 깔끔하게 차려입은 로봇의 모습은 서비스직에 종사하는 전형적인 일본인 모습처럼 보인다. 남성 로봇, 여성 로봇은 평균적인 일본인보다는 약간 키가 크고 얼굴 표정은 전형적인 일본인에 가깝다.

헨나호텔에서 청소는 로봇과 사람이 분담한다. 바닥 청소, 창문 청소는 로봇이 한다. 그러나 침대청소, 욕실 청소는 사람이 담당한다. 정원이 있는 호텔에서는 잔디 깎는 로봇이 정원 관리를 담당한다. 호텔에서 움직이는 로봇들은 전원이 부족하면 자동으로 충전기로 이동한다. 그리고 충전이 완료되면 다시 원래 하던 작업으로 돌아간다. 로봇들은 관리인의 손길을 전혀 필요로 하지 않는다.

헨나호텔 프런트 데스크 모습(아카사카 호텔)

헨나호텔의 객실 모습

헨나호텔은 최신 기술의 실험 장소이자 서비스 장소

헨나호텔에서 일하는 로봇은 호텔을 운영하는 HIS 홀딩스 계열회사인 해피로보(hapi-robo st)가 개발했다. 이 회사가 로봇 개발하는 회사를 가지게 된 발상을 들으면 납득이 어렵지 않다.

나가사키 하우스텐보스는 엄청나게 넓은 사유지이다. 사유지이므로 행정기관의 규제 없이 자유로운 실험이 가능하다. 로봇을 활보시키는 것도 가능하고 드론을 날리는 것도 가능하다. 더구나 하우스텐보스는 연간 280만 명 이상 엄청난 사람들이 방문하는 곳이다. 실제로 사람이

붐비는 공간에서 로봇이나 드론으로 인공지능(AI) 관련 다양한 실험이 가능하다.

하우스텐보스의 기술책임자(CTO)를 맡고 있는 도미타 씨는 해피로보에서 개발한 로봇뿐만 아니라 다른 회사들에게도 실험장소로 제공한다고 한다. 해피로보와 공동개발은 물론, 헨나호텔을 임상실험 장소로 제공하고 있다고 한다. 헨나호텔 운영에는 동경대학교 생산기술연구소, 카시마건설, 하우스텐보스기술센터 등이 기술을 지원하고 있다.

이러한 방법은 헨나호텔의 비즈니스 전략이기도 하다. 로봇개발회사 입장에서는 헨나호텔에서 로봇의 유용성이 검증된다면, 곧 바로 호텔에 납품이 가능하다. 호텔 입장에서는 최신 기술을 활용하는 로봇으로 보다 편리한 서비스 제공이 가능하다.

일본 사회는 규제가 심해서 로봇이나 인공지능 관련 실험 시설을 확보하기 쉽지 않다. 하우스텐보스는 이러한 일본 사회의 현실적 어려움을 비즈니스 기회로 활용하고 있는 셈이다.

헨나호텔이 주는 시사점

인건비가 절감되어 영업이익을 60% 상승시키다

헨나호텔이 우리에게 던져주는 시사점은 첫째로 로봇이 호텔의 효율성, 영업이익을 높이는 데 기여한다는 점이다.

헨나호텔에서는 사람 대신 로봇이나 인공지능이 일하고 있기 때문에 인건비 절감 효과를 예상하는 것은 어렵지 않다. 일본에서 호텔업계의 영업이익률은 보통 30% 정도로 알려지고 있는데 이 헨나호텔은 60%

정도이다. 즉 로봇이나 인공지능(AI)이 가져다주는 비용절감 효과가 두 배 이상 높다는 평가이다(President Online, 2018).

HIS 홀딩스 시미즈 마나부 씨에 따르면 2015년 개업 당시 82대의 로봇이 도입되었고, 2017년 8월 말 기준으로 233대로 늘었다. 이에 반하여 헨나호텔에서 일하는 사람 수는 2015년 30명에서 5명으로 감소하였다. 생산성이 4배 이상 증가한 것이다. 그리고 호텔 규모가 확대되어 객실 수는 개업 당시 72개에서 144개로 2배 늘어났다고 한다.

헨나호텔은 현재 동경 디즈니랜드 근처에 있는 마이하마, 동경 긴자, 아카사카 등에 제2, 제3의 헨나호텔을 개업하고 있다. 연간 매출이 8억 엔 정도인데 이 중에서 5억 엔 정도가 영업 이익으로 세계 최고 수준의 생산성을 기록하고 있다고 시미즈 마나부 씨는 말한다. 로봇에게는 월급을 지불하지 않아도 되기 때문에 고스란히 영업이익이 증가하는 것이다.

호텔은 어느 곳이나 서비스를 중요시한다. 그래서 최근에는 호텔의 이미지와 서비스 향상을 위해서 사람을 늘리고 있기도 하다. 그래도 여전히 로봇이 담당할 업무가 존재하고 효율성을 추구하는 면에서는 변함이 없다.

4차 산업혁명 시대의 생활상을 체험하는 공간

둘째, 헨나호텔은 인공지능과 로봇이 일상화되는 제4차 산업혁명 시대의 생활상을 체험할 수 있게 해주는 공간이다.

헨나호텔은 세계 최초로 인공지능이 탑재된 로봇이 운영하는 호텔이다. 통상 우리가 여행하거나 출장가거나 할 때, 호텔은 잠을 자거나 휴식하는 공간이다. 그리고 우리들 인식 속의 호텔은 다양하고 고급스러운 서비스를 제공해주는 곳이기도 하다. 그러나 헨나호텔은 다양한 서비스를 사람이 제공하는 것이 아니라 로봇이 제공해준다.

앞에서 헨나호텔의 체크인 과정을 설명하였다. 헨나호텔에서는 여권을 인식시켜야 한다. 그리고 음성으로 예약 확인을 말해야 한다. 하지만 아직은 한 번에 예약번호를 정확하게 인식하지 못한다.

실제로 2019년 7월, 동경 아사사카의 헨나호텔에서 투숙할 때, 내 옆에서 로봇과 체크인을 진행하던 손님은 체크인에 실패하고 말았다. 그는 일본인이었는데 술을 많이 마셔서 로봇이 알아들을 수 있도록 예약번호를 정확하게 발음하지 못했기 때문이다. 아마도 그는 로봇 호텔을 예약한 것을 후회했을 것이다. 결국에는 직원이 나와서 해결해주었다.

보통은 프런트에서 체크인하는 과정에서 업무적인 대화 외에도 인간적인 대화들이 오고 가기도 한다.

"오늘 업무는 잘 마무리 되셨습니까?", "편안한 밤 되십시요" 등 따뜻한 말을 건네주기도 한다.

또는 "우리 호텔은 온천수를 사용하고 있어서 피로 회복에 도움이 된다" 등의 정보를 친절하게 말해주기도 한다.

이러한 친절, 공감하는 말 한마디가 사람의 기분을 좋게 해준다. 같은 말을 들어도 인간적인 공감은 매우 중요하다. 그러나 로봇은 감정을 가지고 있지 못하다. 물론 감정을 인식하고 그것을 표현하는 인공지능이 개발되고 있기는 하지만 어디까지나 커뮤니케이션을 위한 것이지 감정의 공유는 아니다.

로봇이 방 키를 건네주고, 로봇이 짐을 두두두…… 가져다준다고 한다면 어떨까? 방에 물건이 부족해도 어플로 요청하고, 호텔 방의 청결한 상태도 직원에게 표시하는 것이 아니라 핸드폰 어플로 표시한다. 이

호텔에서는 감사의 대상도 로봇이다.

아직까지 우리는 기계에게 감사하는 행동에 익숙해 있지 않다. 하지만 멀지 않은 미래에는 로봇에게 '감사를 표시하는 인간의 행위'가 일상화될 수도 있다. 이미 로봇 바리스타가 커피를 만들어주고, 로봇 셰프가 음식을 만드는 레스토랑이 늘어나고 있기 때문이다.

여기서 강조하고 싶은 것은 인간과 로봇의 차이이다. 서비스라는 기능적인 측면만을 생각하면 거의 비슷한 서비스를 제공할 수 있다. 그러나 그 서비스를 받는 입장에서 느끼는 감정이나 느낌은 전혀 다르다. 인간은 감정을 가지고 있다는 측면에서 인공지능과는 근본적으로 다르다. 감정을 가지고 있기에 사람 사이에서 느끼는 공감은 무엇보다 중요하다.

이 공감하는 능력은 적시적소에 상황판단을 할 줄 알고, 소통할 수 있는 능력과 감정을 가진 인간이기 때문에 가능하다. 그러므로 향후, 4차 산업혁명 시대에 인간이 가지는 장점과 비교우위를 명확하게 확인할 수 있는 장소라는 점에서 헨나호텔은 주목할 만하다.

인간과 로봇이 공존 방법을 모색하는 장소이기도

헨나호텔은 출범 당시부터 5성급 호텔을 목표로 하지 않았다. 어디까지나 인공지능이 탑재된 로봇이 운영하는 호텔로서 출발하였다. 달리 말하면 로봇이 서비스를 제공하는 호텔이고, 그러한 서비스를 체험하는 장소이다. HIS홀딩스 회장인 사와다 히데오는 헨나호텔은 3.5성급 호텔이 목표라고 말한다(Nissen Digital Hub, 2019.3.13). 3성급 호텔이 비즈니스 호텔 수준이라고 한다면 그것을 약간 상회하는 수준의 호텔을 목표로 한 것이다.

실제로 로봇이 운영하는 호텔의 서비스 수준은 최대한 3.5성급 호텔 정도이고 4성급 이상 호텔은 사람만이 제공할 수 있는 남다른 서비스가 필요하다. 그런 점에서 헨나호텔은 현실과 한계를 명확하게 인식하고 있다. 결국 헨나호텔은 3.5성급 호텔의 서비스를 로봇으로 제공한다는 것이다.

그러므로 헨나호텔은 서비스의 질이 낮고, 아직까지 로봇은 인간과 비교했을 때 한참 멀었다는 그런 판단을 할 필요는 없다. 단지, 4차 산업혁명 시대에 로봇이나 인공지능이 우리의 일상 속에서 공존하는 사회가 되었을 때, 우리가 어떤 일상 속에서 살아가게 될지를 상상할 수 있는 공간 정도로 인식한다면 아주 재미있으면서도 의미 있는 체험 공간이 될 것이다.

4차 산업혁명 시대의 경제 모습: 데이터 이코노미

세 번째, 헨나호텔 사례는 4차 산업혁명 시대 도래에 따라 우리가 마주하게 될 경제의 모습을 알려주는 공간이기도 하다. 로봇, 인공지능, IoT뿐만 아니라 데이터 이코노미(Data Economy), 캐쉬리스 사회(Cashless Economy)의 모습을 경험하는 장이기도 하다. 최근에는 카페에 가더라도 현금을 받지 않는 가게들이 증가하고 있다. 헨나호텔의 경우도 인터넷으로 전부 예약이 이루어지고, 숙박비도 전부 신용카드나 모바일 페이로 결제한다.

헨나호텔과 관련하여 데이터 이코노미라는 표현을 굳이 하는 이유는 호텔에서 이루어지는 손님과 로봇과의 모든 대화 내용이나 표현이 전부 데이터 형태로 보내져서 인공지능이 학습하는 데이터가 된다는 의미이다. 헨나호텔이 2015년 개업 이후 지속적으로 호텔을 확대하고 생산성을 높이는 이유는 다름이 아니라 인공지능이 이러한 데이터를 토대로 보다 나은 서비스를 제공하고 있기 때문이다.

호텔 로비에는 '유니보'라는 로봇이 있다. 이 로봇에게 주변 관광지나 맛집, 교통수단, 날씨 등에 대한 정보가 누적되면서 더 풍부한 정보를 손님에게 제공할 수 있게 된다. 더구나 손님들은 국적, 성별, 연령, 말투도 각각 다르다. 그러므로 다른 사람들의 음성을 인식하는 정확도도 높아지게 된다.

이러한 반복된 학습은 만족도가 더 높은 호텔 서비스로 연결된다. 기존의 인터넷 홈페이지에서 제공하는 Q&A는 정해진 문의에 대해서 정해진 정보를 제공해주지만, 인공지능(AI)은 보다 세련되고 자세한 정보를 제공할 뿐만 아니라, 학습으로 관련된 정보를 보다 풍부하게 제공할 수 있다는 측면에서 다르다.

실제로 필자가 아카사카 헨나호텔 근처에 있는 히에 신사로 아침에 산보 가기 위해서 로봇 유니보에게 길을 물었더니 지도로 자세하게 안내해주었다. 또 이 호텔에서 아침을 먹고 오전 10시 30분에 신문사 기자하고 약속이 있어서 약속 장소에 가는 방법을 유니보에게 물었다. 그는 전철로 이동하는 방법과 전철역 출구, 그리고 역에서부터 약속 장소까지 걸어서 이동하는 지도로 안내해주었다. 여기에서 그치지 않고 QR코드를 보여주면서 내 스마트폰으로 약속 장소 정보를 연계시켜주었다.

필자와 같이 길을 묻는 사람이 하루에 30명이 있다고 한다면 한 달이면 900명이다. 1년이면 만 명이 넘는다. 현재 일본 전국의 10개 지역에 호텔이 있다면 1년에 10만 명이 이용하게 된다. 이렇게 음성인식 관련 대화 내용이 늘어난다면 금방이라도 빅 데이터가 구축될 것이다.

음성인식 기술로 주변 정보를 안내하는 로봇 유니보

인터넷과 연결되어 있어서
다양한 방법으로 맛집 안내 등을
해준다.

현재 우리나라에서도 통신회사들이 인공지능 스피커를 개발하고 서비스를 확대하는 것도 같은 맥락이다. 통신회사들이 제공하는 인공지능 스피커가 다양한 형태의 언어를 습득하게 된다면 통신회사는 인공지능이 말하는 서비스를 제공할 수 있기 때문이다. 현재는 음악을 틀어주고, TV를 켜주고 하는 수준에 그치지만 향후에는 집안의 가전제품들이 음성으로 작동할 수 있게 될 것이다. 집안에서 택시도 부르고 엘리베이터도 불러올 수 있게 될 것이다. 결국 이러한 데이터의 수집이 곧 경제적 경쟁력이 되는 사회로 변하게 된다.

로봇 서비스의 장점

로봇이 인간의 노동을 대체하는 실험장소

최근까지 헨나호텔에서는 업무의 80% 정도를 로봇이 차지하고 사람이 하는 업무는 20% 정도였다. 결국 업무 비중에서 본다면 80%에 해당하는 업무를 담당하는 고용, 즉 사람이 일하는 일자리가 줄어든 것이다. 4차 산업혁명 시대가 되면 로봇이나 인공지능이 인간의 일자리를 대체한다는 주장이 현실적으로 나타나고 있는 것이다.

일본 노무라종합연구소와 영국 옥스퍼드대학교 마이클 오즈본(Michael A. Osborne) 교수가 공동으로 직업 대체 비율을 계산하였다. 전체 601개 직업을 대상으로 AI 기술, 로봇기술과의 대체 비율이 66%이상인 직업 100개를 제시하였다(野村總合硏究所, 2017).

AI 기술로 대체되는 직업의 공통점은 고도의 지식이나 기능을 필요로 하지 않는 직업, 그리고 정형화되고 규칙적인 작업을 요구하는 직업이다.

AI 기술로 대체되는 각국의 노동력 비율(%)

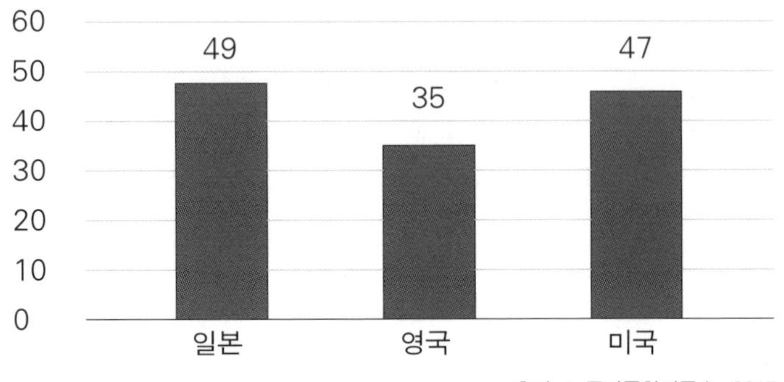

출처: 노무라종합연구소, 2017

이와는 반대로, 대체 비율이 낮은 직업은 '추상적인 개념을 정리, 만들기 위해 지식이 요구되는 직업, 다른 사람과 협조, 이해, 설득, 협상, 서비스 지향성이 요구되는 직업'으로 나타났다(野村總合硏究所, 2017). 결국 창의적인 일이나 사람을 상대하는 일은 대체되기 어렵다. 우리는 대체비율이 낮은 직업에 주목할 필요가 있다.

일본의 직업 대체 비율을 보면 전체 직업의 49%가 AI 기술로 대체되는 것으로 나타났다. 이러한 비율을 현실에 대입해보면 2016년 1월 기준 일본의 고용노동력 인구는 약 6,669만 명으로 추정된다. 인구감소 등을 고려하면 2030년에는 6,180만 명으로 고용노동력 인구가 축소한다. 이것의 49%가 AI 기술로 대체된다면 고용노동력 인구는 3,028만 명에서 3,268만 명 정도가 감소한다는 결론이다.

다른 통계를 살펴보더라도 노동인구의 감소는 회피하기 어려운 상황이다. 일본의 경제산업성이 제시한 예측 결과에 따르면 2015년을 기준으로 해서 2030년까지 15년 동안 약 735만 명이 일자리를 잃게 되는 것으로 나타났다(經濟産業省, 2017).

기술진보가 현재와 같이 진행된다면 2040년에는 전체 인류의 90%가 직업을 상실한다는 극단적인 전망도 나오고 있다(田原總一郎, 2018).

그러나 이러한 상황을 반드시 비관적인 측면에서 바라볼 필요는 없다. 향후 우리의 대응 여부에 따라 상황은 얼마든지 달라질 수 있다.

대응전략은 두 가지 시나리오로 나누어 생각해볼 수 있다. 다음 표에서 보는 바와 같이 방치해두거나 혁신하거나 하는 방법이 있다. 일본의 경우, 정부나 기업이 이러한 고용 대체에 손을 놓고 있다면 2030년까지 735만 개 일자리가 감소한다. 반대로 정부나 기업이 이노베이션을 통해 새로운 일자리를 마련하고 인간이 할 수 있는 비교우위 분야에서 새

2030년 일본의 취업구조의 변화 (2015년 노동인구 기준)

직 업	내 용	방치 시나리오	변혁 시나리오
경영, 연구전략	경영전략, 연구개발	−136만	+96만
제조, 조달	제조업, 조달관리 부분	−262만	−297만
영업판매1	고도의 컨설팅 업무	−62만	+114만
영업판매2	판매사원	−62만	−68만
서비스1	고도 접객업, 개호서비스	−6만	+179만
서비스2	일반 점원, 콜센터	+23만	−51만
IT 업무	IT 업무 관련자	−3만	+45만
백 오피스	경리, 인사, 데이터 입력	−145만	−143만
기타	건설업 등	−82만	−37만
합계		−735만	−161만

출처: 일본 경제산업성, 2017

로운 일자리를 창출한다면 161만 개 정도 감소에 그친다는 시나리오이다. 이 두 가지 시나리오 중에서 어떤 것을 선택할 것인가는 우리의 몫이다. 로봇이나 인공지능에 의해서 인간의 일자리가 이렇게 많이 대체된다고 한다면 자연스럽게 인공지능은 우리 인간에게 과연 '천사'인가 '악마'인가라는 근본적인 물음을 제기하게 될 것이다. 그러나 이러한 물음에 대해서 현재로서는 대답하기가 쉽지 않다. 왜냐하면 인공지능 기술은 지금 현재에도 여전히 빠른 속도로 발전하고 있기 때문이다. 향후 어느 정도까지 발전하게 될지 상상하기 어려울 정도이다.

노동력 부족 문제를 해결하는 긍정적인 측면도 존재

그러나 헨나호텔 사례에서 볼 수 있는 바와 같이 기존보다 6배 이상 높은 생산성을 확보할 수 있다는 사실에도 주목할 필요가 있다. 더구나 일본은 고령화, 저출산, 인구감소 시대에 접어들었다. 현재 절대적으로 노동력이 부족한 실정이다.

일본은 한국과 달리 4월 1일부터 새로운 회계연도가 시작된다. 그래서 회사의 신입사원은 4월 1일부터 출근을 한다. 학교도 4월부터 새학기가 시작이다. 매년 3월말에서 4월초에는 회사나 학교의 인사이동에 따라 다른 지역으로 이사를 가게 되는데, 요즘에는 노동력이 부족하여 이 시기에 이사를 하지 못하는 사람들이 적지 않다. 2019년에는 실제로 이사 업종에 종사하는 사람들이 부족하여 제때 이사를 할 수 없는 사람들이 속출하였다. 그래서 사람만 먼저 가서 호텔 같은 곳에 임시로 살면서 5월 이후에 이사해야 했다.

일본에서는 이러한 노동력 부족 문제를 해결하기 위하여 2019년 4월부터 외국인을 대량으로 받아들이는 정책이 새롭게 시행되었다. 외국인들이 많이 유입되어도 언어 소통, 기술습득에는 시간이 필요하다. 그러므로 일본은 노동력 부족 문제를 해결하는 근본적인 방안으로 로봇이나 인공지능 도입을 적극적으로 추진하고 있다(齋藤元章 · 井上智洋, 2018). 이러한 측면에서 인공지능의 활용은 악마보다는 천사로 인식되고 있는 측면이 강하다. 물론 향후 인공지능이 대체하는 일자리 비율이 높아진다면 악마로 변할 수도 있다.

모든 사람에게 차별 없이 서비스를 제공

헨나호텔의 숙박요금은 통상적인 동급 호텔보다 약간 비싸다. 그 이유는 인공지능(AI)이나 로봇이 서비스를 제공하는 특이한 호텔이라는 점 때문이다. 최근, 사람들의 소비 성향이 맛집 체험처럼 특이한 경험에 소비를 아끼지 않는 성향과도 연계되어 있기 때문이다(鈴木貴博, 2018).

헨나호텔을 방문하는 많은 사람들 중에는 로봇이 운영하는 곳이기에 방문하는 사람도 많다. 즉 일종의 엔터테인먼트 기분으로 호텔을 찾는다는 것이다. 그러므로 로봇이 운영하는 호텔에 사람들이 일하는 모습은 오히려 부자연스럽다고 생각할 수도 있다.

헨나호텔이 로봇으로 운영하는 이유 중 하나는 로봇은 모든 사람에게 똑 같은 서비스를 제공할 수 있다는 점이다. 사람은 감정을 가진 존재이다. 인간의 감정은 장점이기도 하지만 때로는 단점으로 작용할 수 있다. 호텔은 언제나 고객에게 최상의 서비스를 제공해야 한다는 인식이 작용하는 공간이다. 그러므로 일하는 직원의 감정이나 기분에 따른 접객을 고객은 다르게 받아들일 수 있다. 불가피한 인간의 약점이기도 한 감정

가족끼리 로봇 호텔을 방문한 모습

에 따른 서비스의 편차를 줄일 수 있다면 좋을 것이다.

그러므로 인간이 가지는 이러한 한계를 로봇으로 해결할 수 있다는 점에서 로봇 호텔은 인간에게 '문제해결의 수단'이다. 로봇은 인간처럼 수준 높은 서비스를 제공하지는 못한다. 하지만 항상 일정한 수준의 서비스는 보장할 수 있다는 점은 로봇이 가지는 장점이라고 헨나호텔 오에다케 요시 총지배인은 설명했다.

인간은 신뢰와 책임을 담당한다

헨나호텔에서 직원들은 주로 로봇이 하지 못하는 일을 한다. 업무 중에서 단순한 일이지만 의외로 로봇이 하지 못하는 일이 있다.

대표적인 일이 청소이다. 보통 청소는 하찮은 일로 여길 수 있지만 호텔에서는 매우 중요한 업무이다. 로봇이 객실 구석구석까지 전부 깨끗하게 하는 청소하는 것은 어렵다고 한다. 혹시 침대 시트에 머리카락이 하나라도 떨어져 있다면 투숙하는 고객 입장에서는 호텔이 청결하지 못하다는 이미지를 가질 수도 있다. 특히 욕실, 화장실 같은 물청소가 필요한 부분은 아직도 사람이 담당한다. 이러한 일은 인간으로서는 별로 어렵지 않은 일이다. 결국 이러한 점을 보면 로봇과 인간의 장점과 약점은 서로 상반된다.

그리고 헨나호텔에서 사람이 필요한 이유는 인간의 심리적인 이유와 관계되어 있다. 만약 전부 자동화되어 있더라도 수상한 사람이 고객과 함께 현관이나 복도에 들어온다거나, 고객과 트러블이 발생할 경우, 로봇이 이 문제를 해결하기 어렵기 때문이다.

이러한 현실적인 문제를 고려할 때, 헨나호텔에서 이루어지는 모든 일이 로봇으로 대체되기는 현실적으로 어렵다. 특히 긴급 상황에 대처하고 숙박하는 고객들에게 안전, 안심이라는 가치를 제공하는 일은 결국 인간만이 할 수 있는 것이기 때문이다.

또 하나 로봇이 대신하지 못하는 일은 책임을 지는 일이다. 호텔에서 발생하는 예측 불가능한 조그마한 일에 대해서도 로봇은 책임을 지지 못한다. 호텔에 대한 신뢰를 마지막까지 담보하는 일은 로봇이 아니라 인간만이 할 수 있다. 로봇은 아직까지 '책임', '신뢰'라는 가치를 인식하지 못하기 때문이다. 설사 그러한 가치를 인식하기 시작하였다고 하더라도 인간이 할 수 있는 수준까지는 아직 멀었기 때문이다.

지금까지 살펴본 바와 같이 로봇 호텔은 여러 가지 면에서 제4차 산업혁명 시대를 체험할 수 있는 멋진 장소이다. 그리고 우리가 우려하는 것처럼 실제로 헨나호텔에서는 로봇이 인간의 일을 대체하는 것도 분명히 존재한다. 또한 호텔 업무에서뿐만 아니라 일상적 삶에서 인간만이 할 수 있는 역할이 무엇인지도 확인할 수 있었다. 직업이 대체되는 문제에도 정부, 기업, 개개인이 새로운 이노베이션적 사고로 대응해간다면 우려할 만한 미래가 되지 않을 수도 있다는 점을 확인했다.

앞으로 제4차 산업혁명 시대가 다가오고 인공지능 기술이 발전해간다면 인간과 로봇이 경쟁하는 경우도 있을 수 있다. 로봇의 장점은 인간이 가지는 불가피한 한계일 수도 있다. 그렇지만 현재까지 우리는 인간의 한계를 극복하는 수단으로 로봇을 활용하고 있다. 인간과 로봇을 적대적 관계가 아니라 공존, 협업의 대상으로 인식한다면 보다 편리한 인간사회가 만들어질 수 있을 것이다.

5장

로봇이 커피를 만드는 카페
— 인공지능(AI) 사회의 단상

여고생들이 즐겨 찾는 로봇 카페

동경에서 젊은이들이 가장 많이 모이는 곳 중의 한 곳이 시부야다. 이곳 MODI 빌딩 지하 1층에 로봇이 핸드드립 커피를 만들어주는 '헨나 카페'가 2018년 2월에 오픈하였다. 이 카페에서 커피를 뽑는 바리스타는 로봇이다. 이 바리스타 로봇은 미국 리싱크 로보틱스(Rethink Robotics) 사가 개발한 고성능 협업 로봇 '소이어(Sawyer)'이다. 이 로봇에게 사람들이 좋아할 커피 만드는 방법을 학습시켰다(日本經濟新聞社, 2018). 로봇 카페에는 한 번에 최대 5잔까지 드립커피를 만들 수 있는 커피머신 2대가 설치되어 있다.

로봇 카페에서 주문은 터치패널을 통해서 이루어진다. 메뉴판에서 음료를 구입하면 QR코드가 그려진 영수증이 출력된다. 구입한 영수증을 로봇 바리스타가 읽을 수 있는 위치로 가져가면 로봇이 메뉴를 인식하고 커피를 만들기 시작한다. 종이컵을 컵 받침 위에 올려놓는 일은 사람이

도와주어야 한다. 그 다음부터는 열심히 인공지능 로봇이 움직이기 시작한다. 즉 손님이 주문한 내용을 QR코드 리더기로 읽으면 그 데이터가 로봇에게 보내져서 로봇이 주문한 음료를 만드는 방식이다.

로봇 카페의 메뉴는 꽤 다양하다. 고교생들에게 인기 있는 핫쵸코, 와플도 준비되어 있다. 가격은 핸드드립 커피 320엔, 아메리카노 290엔, 카페라테 380엔, 카푸치노 380엔, 카페모카 410엔, 코코아 380엔, 녹차라테 410엔 등으로 대체로 착한 가격이다.

손님이 주문한 내용을 로봇이 인식하면 "커피 주문이 들어갔습니다"라고 말해준다. 로봇이 컵을 바리스타 머신으로 가져가고, 커피 원두를

갈아서 필터에 넣고, 로봇이 커피머신의 버튼을 눌러 커피를 추출한다. 커피가 내려지는 시간은 대략 2~3분 정도이다. 커피가 완성되면 로봇이 커피가 완성되었다고 말해준다. 그리고 로봇은 팔을 이용하여 내려진 커피를 손님이 기다리는 프런트로 가져다준다.

커피를 옮겨다 주고 나서 로봇이 말을 건넨다. "드립 커피가 완성되었습니다." 로봇은 손님에게 커피를 전해주고 난 후 커피머신에 남아 있는 커피를 버리고 정리하는 일까지 혼자 알아서 한다.

이 카페는 무인으로 운영된다. 물건을 보충하거나 청소하는 시간에만 사람이 들어온다. 실제로 카페에는 고교생들이 꽤 많이 와 있었다. 호기심에 왔으려니 해서 학생들에게 말을 걸어보았다.

"커피 맛이 어때요?" 하고 물었더니, "맛이 좋다"고 답했다. "사람이 만드는 카페의 커피하고 맛이 달라요?" 하고 다시 물었더니, "커피 맛이 정확한 느낌이에요" 하고 여학생이 대답해주었다.

아마도 로봇은 정확한 데이터로 늘 정량의 커피, 물, 시간을 사용하여 커피를 만든다고 생각하고 있어서 그렇게 답한 것 같았다.

필자는 커피 대신 녹차 라테를 시켰다. 맛은 다른 카페와 전혀 다르지 않았다. 너무 달지도 않았고 그렇다고 자동판매기처럼 맹맹하지도 않았다. 양도 적당하다는 생각이 들었다. 아마도 대부분의 사람들이 선호하는 평균적인 맛을 내고 있어서 그렇다는 생각이 들었다. 아니면, 일본에서 유명한 카페의 녹차라테 만드는 방법을 로봇에게 학습시켜서 그럴 수도 있다는 생각이 들었다.

앞으로 로봇 카페가 늘어난다면 우리는 지구상 사람들이 가장 맛있게 마실 수 있는 평균적인 커피를 마시게 될지도 모른다. 아니면, 지구에서 가장 맛있는 카페의 커피를 어디에서나 먹을 수 있게 될 수도 있다. 인공

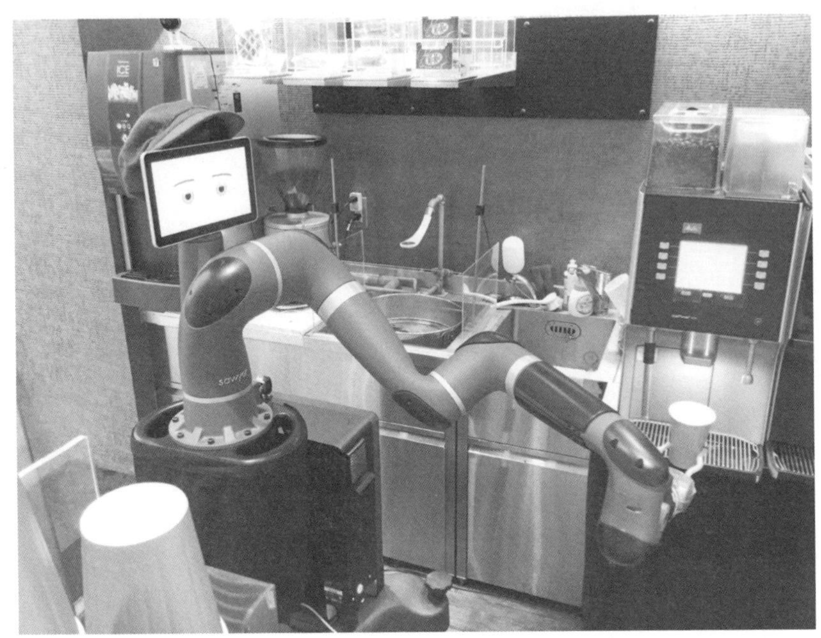

로봇 바리스타의 모습

지능이 빅 데이터를 활용하여 누구나 맛있게 마실 수 있는 황금 비율이나 로스팅 시간을 로봇에게 학습시킬 수 있기 때문이다. 더 세분화하면 연령에 따라서, 성별에 따라서, 지역에 따라서 맛있는 커피를 알아서 만들어 줄 수 있을 것이다.

예를 들어 손님이 20대 남성이면서 한국인이라는 사실을 로봇이 인식하게 된다면 기호에 맞춰 커피를 제공해줄 것이다. 연령, 성별, 국적 정도는 화상인식기술로 쉽게 알 수 있기 때문이다. 좀 더 기술이 발전한다면 로봇 바리스타와 대화를 통해서 손님이 원하는 입맛의 커피를 만들어주는 것도 가능할 것이다.

그렇지만 현재 로봇 카페에서는 누구나 같은 맛의 커피를 마셔야 한다. 누구나 같은 맛의 커피를 마실 수밖에 없다면 커피를 좋아하는 사람들은 가지 않을 것이다. 그리고 커피를 주문하는 과정에서 손님과 대화 없이 기계적인 절차를 통해서 원하는 커피만 제공해주는 카페라서 재미없다고 느낄 수도 있을 것이다.

그러나 여기서 한 가지 주목해야 할 것은 기계가 사람과 거의 똑 같이 혼자서 카페를 운영한다는 사실이다. 손님의 주문을 인식하고 메뉴별로 무리 없이 혼자서 척척 커피를 만들고 있다는 점이다. 커피를 만드는 일뿐만 아니라 커피머신을 정리하는 것도, 싱크대에서 기구를 씻는 일도 잘하고 있다.

커피 만드는 로봇을 보면서 사람을 대체하는 기계가 등장하고 있다는 느낌이 들었다. 그리고 로봇이 제공하는 서비스는 당분간 다양하지 않을 수도 있다는 생각을 하게 된다. 결국 로봇 바리스타와 인간 바리스타가 다른 점은 손님과 서로 교감하면서 손님의 선호에 맞도록 다양한 서비스를 제공할 수 있느냐 하는 점이다. 역시 인간이 가진 감정, 공감능력, 선호, 취향에 대한 파악 능력은 별 게 아닌 것 같지만 매우 큰 능력이라는 점을 새삼 발견하게 된다.

무인 카페의 로봇 바리스타

로봇이 만들어주는 커피 맛은 정확하지만 변화가 없다. 이러한 불만을 해소하는 시도가 있었다. 커피 메이커 네슬레가 운영하는 무인카페 매장이 2017년 11월에 동경 시내 젊은이들의 거리인 하라주쿠에 등장했다.

하라주쿠 로봇 카페에서 주문하는 모습
(출처: Engadget, 2017.11.17)

이 카페는 '네스카페 골드브렌드 바리스타 50' 커피메이커로 운영하는 무인 카페이다. 여기서도 바리스타는 로봇이다.

이 카페에서는 소프트뱅크 휴머노이드 로봇 페퍼가 주문을 받고, 가와사키중공업에서 만든 양손 로봇 두아로(duAro)가 커피를 만들어주는 방식으로 운영된다. 주문 받는 로봇과 로봇 바리스타가 분업 형태로 일한다. 이 카페에서는 앞으로 다가올 제4차 산업혁명 시대에 맞춰서 새로운 실험을 진행하고 있다.

이 카페에서 주문 담당은 휴머노이드 로봇 페퍼인데 주문에 필요한 정보, 지식, 노하우를 페퍼가 학습한다. 손님들과 대화를 통해서 주문에 필요한 용어, 절차 등을 학습한다. 이렇게 휴머노이드 로봇이 학습으로 더 현명해진다면 우리는 다양한 커피를 마실 수 있게 될 것이다. 그리고 커피가 만들어지는 시간 동안 페퍼와 다양한 이야기를 나눌 수 있게 될 것이다. 이 로봇 카페에서는 손님들의 기호나 스타일에 맞게 주문을 받는다.

커피가 만들어지는 동안 로봇 페퍼는 손님과 자연스럽게 대화를 이어간다. 손님과 친구 맺기를 하기도 한다. 손님의 이름이나 애칭 같은 정보를 로봇 페퍼가 저장한다. 그리고 페퍼는 얼굴인식 기능을 가지고 있어서 손님의 얼굴을 기억, 저장한다. 이러한 정보는 향후 카페를 운영하는 데이터로 활용된다. 손님이 두 번째 방문하는 경우, 페퍼는 이전에 저장된 정보를 가지고 손님에게 보다 나은 서비스와 친절한 대화를 유도해갈 수 있게 된다.

이 카페에서는 로봇 페퍼의 단말기를 이용하여 자신이 원하는 커피 맛을 자세하게 설정할 수도 있다. 또한 전용 어플을 이용하여 자신이 원하는 커피 맛을 주문할 수도 있다. 커피머신에 블루투스 기능이 내장되어 통신이 가능하기 때문이다. 스마트폰 전용 어플로 보내진 데이터에 따라 로봇이 커피를 만든다.

이러한 무인 로봇 카페의 시도는 사람이 운영하는 카페와 유사한 환경을 제공할 목표를 가지고 있다. 카페는 무엇보다도 손님과 주문하는 과정에서 이루어지는 커뮤니케이션이 중요하다고 보기 때문이다. 무인 로봇 카페에서 로봇 페퍼는 다양한 손님과 소통하면서 스스로 학습한다. 그리고 기존의 데이터를 통해서도 학습이 진행된다(Engadget, 2017). 이러한 과정을 통해서 보다 현명한 인공지능 로봇이 인간과 소통하게 된다면 로봇이 운영하는 무인 카페가 우리 일상에서 접하는 카페의 모습으로 변해가게 될 것이다.

6장

로봇과 함께 일하는 빌딩

— 생활 인프라로 진화하는 로봇

2019년 1월 7일, 로봇이 커피를 배달하는 카페가 개업하였다. 이 카페는 고층 오피스 건물이 밀집한 동경 카미야쵸에 위치하고 있는 카페 델리 지지코(Deli GGCo)이다. 이 카페에서는 이용자가 스마트폰으로 주문과 결제를 하면 1층 카페에서 만든 커피를 로봇이 주문한 사무실까지 배달해준다. 이 카페가 주목받는 이유는 로봇이 고층에 위치하는 사무실까지 커피를 배달해준다는 점이 아니다. 그것보다 로봇이 혼잡한 고층 오피스 건물에서 자유롭게 이동하면서 목적지까지 갈 수 있다는 점이다.

AI 로봇이 위치정보를 알면 목적지까지 도착하는 것은 어렵지 않다. 그러나 많은 사람들과 충돌하지 않고 함께 엘리베이터에 탑승하면서 이동하는 것은 간단하지 않다. 사람들이 꽉 찬 만원 엘리베이터가 오면 자신이 탑승할지 말지를 스스로 판단한다. 그리고 해당 층에 도착하면 자신이 내린다는 표시를 하기도 한다. 어쩌면 우리가 인공지능(AI)이나 로봇하고 함께 공생하는 사회가 된다면 어떤 커뮤니케이션이 필요할까를 생각하게 해주는 사례일 것이다.

엘리베이터 옆에서 배달을 기다리는 로봇

5년 뒤 우리가 일하는 사무실 모습

이 카페에서 주문을 하자면 핸드폰에 전용 어플을 설치해야 한다. 그리고 결제할 신용카드도 등록해야 한다. 그러면 자유롭게 주문이 가능하다. 카페 영업시간 중에는 언제나 배달이 가능하다. 주문한 커피는 AI 로봇이 혼자서 엘리베이터를 타고 37층 사무실까지 배달해준다. 보통 오피스에서 손님이 찾아오거나 미팅이 있는 경우, 1층 카페까지 내려가서 음료를 주문하고 업무 이야기를 한다. 그렇지 않은 경우에는 누군가가 1층까지 커피를 주문하러 다녀와야 한다.

이 건물에서는 로봇이 사무실의 자기 자리까지 배달을 해준다는 점에서 특이하다고 할 것이다. 굳이 의미를 부여하면 5년 또는 10년 후에 우리가 일하는 사무실 모습이지 않을까 하는 생각이 든다.

이 건물에서 주문은 다음과 같은 절차로 진행된다. 우선, 주문 어플로 음료 메뉴 중에서 자신이 선택하고 싶은 음료를 선택한다. 그리고 사전에 등록해 둔 신용카드로 결제한다. 그러면 자동으로 1층에 있는 카페로 주문 내용이 보내진다. 주문이 확인되면 카페로부터 주문이 확인되었다는 문자 메시지가 온다.

주문하고 대략 5분 정도 지나면 카페로부터 커피를 실은 AI 로봇이 출발하였다는 문자메시지가 도착한다. 커피를 배달하는 AI 로봇은 혼자서 1층에서 30층 이상 고층 오피스까지 이동한다. 커피를 배달하는 전용 엘리베이터를 타고 올라가는 것이 아니라 통상적으로 누구나 이용하는 엘리베이터를 타고 이동한다.

이동에는 센서로 탐지하여 오고가는 사람들을 인식하고 멈추거나 좌우로 피한다. 1층에서 엘리베이터에 탑승하기 위하여 엘리베이터를 불러오는 것도 혼자서 한다. 엘리베이터에 탑승하는 것도, 올라가고자 하는 층을 선택하는 것도 스스로 한다. 해당 층에 도착하면 엘리베이터에서 내리는 것도 혼자서 한다.

손님이 서비스 만족도를 높게 평가하면 좋아하는 로봇

커피를 배달하는 AI 로봇은 목적지에 내려서 주문자가 있는 사무실 문 앞에서 기다린다. 이미 주문자에게는 AI 로봇이 출발하면서 AI 로봇의 물건 보관함을 열 수 있는 패스워드가 보내져 있다. 주문자가 AI

로봇의 배달 내용을 확인하고, 패스워드로 AI 로봇 속에 들어 있는 커피를 꺼내면 모든 것이 종료된다. AI 로봇의 보관함에 있는 음료를 꺼내면 단말기 화면에 감사하다는 메시지가 표시된다. 그리고 AI 로봇에게 배달 서비스에 대한 서비스 만족도를 별 표시 형태로 표시할 수도 있다. 만점은 별 다섯 개다. 별 다섯 개 평가를 받으면 AI 로봇이 좋아하는 표정을 보인다. AI 로봇이 좌우로 몸을 움직이고 화면에 귀여운 표정이 나타난다.

그 다음, AI 로봇은 다시 혼자서 엘리베이터를 타고 1층 카페로 되돌아온다. AI 로봇은 엘리베이터를 탑승할 때, 통신을 통해서 자신이 있는 위치를 알려서 엘리베이터를 불러온다.

이 카페에서 손님이 주문한 음료를 고층으로 배달하는 서비스는 단순해 보이지만, 이것이 가능한 기술은 그리 간단하지 않다. 이 카페에서 커피를 주문하는 어플은 일본의 벤처기업 '쇼케이스 긱(Showcase Gig)'이 개발한 'O:der'라는 모바일 주문 서비스 앱이다. 그리고 커피를 배달하는 AI 로봇은 릴레이(Relay)라는 로봇이다. 이 로봇은 미국의 캘리포니아에 본사를 둔 '사비오케(Savioke)' 사가 개발한 운반용 로봇이다.

배달 로봇은 높이 92㎝, 무게 40㎏으로 1초당 0.7㎧ 속도로 이동한다. 로봇에는 사람이나 물건 등을 인지하는 센서가 내장되어 있으며 듀얼 3D 카메라도 내장되어 있다. AI 로봇이 이동하는 데 필요한 다양한 기술들도 포함되어 있다. 예를 들면 거리와 각도에 대한 정보를 수집하는 센서(LIDAR) 기술, 음파로 장해물을 탐지하는 기술[Sound navigation and ranging: SONAR]이 활용되고 있다. 그리고 로봇이 이동 중에 회전하거나 방향 바꾸는 것을 탐지, 제어하는 자이로 센서(Gyro Sensor) 기술도 활용된다. 가속도 센서도 설치되어 있어서 일정 속도로 균형을 유지하면서 이동할 수 있다(Robotstart.Info, 2018.12.12).

배달 AI 로봇에는 디스플레이가 설치되어 있는데 7인치 LCD 터치패널이다. 물론 통신을 위하여 Wi-Fi, LTE도 사용가능하다. 이 로봇이 1회에 배달할 수 있는 무게는 4.5kg 정도이고 액체는 21리터까지 가능하다.

배달하기 위하여 엘리베이터에 탑승하는 모습

자율주행이 가능한 로봇

무엇보다도 각종 센서들이 내장되어 있어서 충돌 여부를 탐지하고 장애물을 자동으로 회피할 수 있다. 그러므로 건물 내에서 많은 사람들이 이동하고 있어도 충돌하지 않고 무리 없이 이동할 수 있다. 엘리베이터 시스템과 연계되어 있어서 이동시에 자유자재로 엘리베이터를 부를 수 있다. 물론 타고 내리고 하는 것도 자유롭다. 구내전화 시스템과도 연계되어 전화로 연락하는 것도 가능하다.

이 로봇은 자율 주행이 가능하기 때문에 이동 루트를 스스로 결정한다. 도중에 물건이 방치되어 있거나 사람들이 모여 있어서 이동하기 어려우면 우회해서 목적지까지 갈 수 있다. 그리고 무엇보다 편리한 것은 이동 기록이 전부 저장되어 있어서 별도로 이동 기록을 남길 필요가 없다. 카페에서는 하루 몇 회 어디로 이동했는지 기록내용을 알 수 있다. 공장이나 병원 등에서 이용하는 경우, 이동 기록은 매우 중요하다. 서류나 부품이 어디로 몇 회 이동했는지는 부품관리와 관련성이 크기 때문이다.

새로운 이노베이션을 만들어내는 실험장으로서 카페

카페 델리 지지코는 일본의 유명 부동산 개발회사 모리 트러스트가 운영하는 카페이다. 이 카페는 오피스 타워 1층에 위치하는 특성 때문에 평일에만 운영한다.

모리 트러스트 사가 AI 로봇이 배달하는 카페를 운영하는 이유는 다름 아닌 오피스 건물의 경쟁력 향상을 위해서이다(NIKKEI Business, 2019.1.9). 좀 더 편리한 오피스 환경을 제공하기 위하여 이러한 카페를 운영하기 시작한 것이다. 인근에 유사한 오피스 건물들이 신축되면서 입주자를 모집하는 일이 어려워진 현실도 이유 중 하나이다.

서울도, 동경도 최근에는 중심지 재개발 붐이 불면서 시내 한 가운데 많은 고층 건물들이 생기고 있다. 일본도, 한국도 인구가 감소하고 경제가 축소국면으로 접어들면서 창업이나 기업들의 규모 확장이 여의치 않

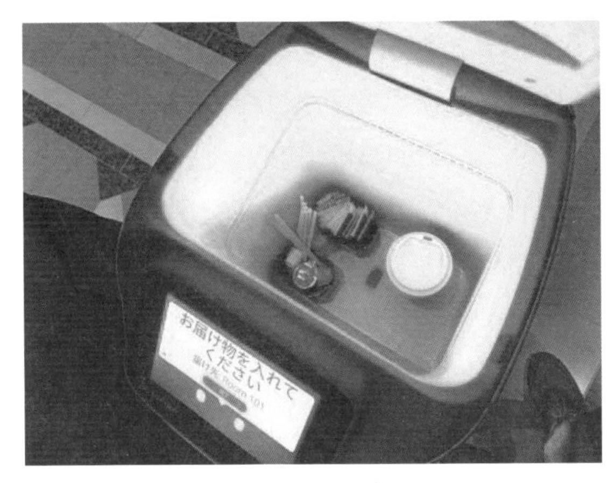

배달하는 커피
(출처: NIKKEI X TREND, 2019.1.15)

은 상황이다. 이러한 상황에서 아무리 시내 중심지에 교통이 좋고 편리한 곳일지라도 초고층 건물에 입주자를 전부 채우는 것은 쉽지 않다.

그래서 인근 건물과의 차별화 전략으로 로봇을 활용한 것이다. 로봇을 활용하는 새로운 서비스가 가능하다는 점이 이 건물의 장점이자 경쟁력이 된다고 인식하고 있다(日刊工業新聞, 2019.1.25). 향후, 제4차 산업혁명 시대에는 이러한 환경 구축은 자연스런 건물 인프라가 될 것이다. 이제는 빌딩 안에서 인공지능이나 로봇이 거주하고 이동하고 서비스를 제공하는 것이 당연시될 것이다.

건물을 운영하는 회사는 AI 로봇이 배달하는 카페를 운영하여 업무 외의 분야에서 가능한 한 스트레스 없이 근무할 수 있도록 환경을 조성하는 데 로봇을 활용하고 있다. 그러한 의미에서 카페 델리 지지코는 단순한 카페가 아니라 새로운 이노베이션을 만들어내는 실험장이다.

최근 일본에는 노동력 부족현상이 심각하다. 부족한 노동력을 보충하는 수단으로 로봇이 활용되고 있다. 카페 입장에서도 로봇 직원을 고용하면서 보다 효율적이고 다양한 서비스를 제공할 수 있게 되었다. 로봇을 고용함으로써 배달 서비스를 많은 고객이 이용할 수 있게 되고, 당연히 '배달'이라는 새로운 서비스를 도입하게 되면서 매출도 올라갈 것이다. 그리고 카페를 이용하는 손님들의 만족도도 올라갈 것이다. 오피스에 근무하는 사람들이 1층까지 내려오지 않아도 커피를 마실 수 있게 되면서 보다 편리하게 근무할 수 있게 되었다.

2020년 2월, 일본의 최대 편의점 세븐 일레븐은 '24시간 영업'이라는 대원칙을 변경하였다. 우선, 132개 점포에서 실험 운영하고 앞으로 확대한다는 방침이다. 한국도 마찬가지이지만 편의점은 24시간 영업이 기본원칙이다. 24시간 문을 열고 물건을 팔고 있기에 사람들은 언제든지 아무 때나 편의점에 간다. 만약 편의점 문이 새벽에는 닫혀 있다면 어떤 기분일까? 아마도 동네에 있는 다른 슈퍼와 다르지 않을 것이다.

그러나 이러한 대원칙이 흔들리고 있는 근본적인 원인은 편의점에서 일하는 점원을 구하기 어려워서이다. 동경은 물론 다른 도시의 편의점에 가면 외국인 점원을 쉽게 발견할 수 있다. 중국 유학생은 물론 동남아시아에서 온 유학생들도 어렵지 않게 발견할 수 있다.

2019년 2월, 일본에서 편의점 주인이 새벽시간에 자기 마음대로 문을 닫는 일이 발생하였다. 히가시오사카에 있는 편의점 주인이 노동력 부족을 이유로 새벽 시간대에 마음대로 문을 닫았다. 그러자 세븐 일레븐 본사는 위약금으로 1,700만 엔(약 1억 7천만 원 정도)을 청구하였다. 편의점 주인은 일손이 부족하여 혼자서는 도저히 24시간 운영할 수 없었다고 한다. 그래서 부득이하게 심야에 문을 닫았다면서, 위약금을 청구하자 너무 억울하다고 호소하였다. 편의점 주인 입장에서는 자신이 과로사할 정도의 상황인데도 24시간 영업을 강요하는 것은 부당하다는 주장이다.

그러나 세븐 일레븐 본사는 심야에 자의적으로 문을 닫은 행위는 계약위반이라고 주장했다.

이 사건이 알려지면서 세븐 일레븐에 대한 비판이 쏟아졌다. 결국 이 사건이 사회적으로 문제가 되면서 심야시간에 4시간, 또는 일정시간 문을 닫는 방식이 일부 세븐 일레븐 점포에서 시행되고 있다. 향후 매출에 미치는 영향을 판단한 후에 전국에 약 2만 개 정도 존재하는 점포에 도입할 예정이라고 한다(每日新聞, 2019.3.7).

충전하고 있는 로봇

이러한 상황을 고려하면 카페가 여러 명 직원을 구해서 커피 배달 서비스를 제공하는 것은 쉽지 않다. 결국은 로봇 직원을 채용하여 적은 직원으로 효율적으로 운영하는 전략을 채택할 수밖에 없는 상황이다. AI 로봇은 스스로 목적지를 찾아갈 뿐만 아니라 스스로 카페로 돌아오는 것도 문제가 없다. 이동에 필요한 전기량이 부족하면 스스로 충전 포인트에서 충전해서 움직인다.

호텔 룸서비스를 담당하는 로봇

로봇을 활용한 업무 효율화를 가장 빠르게 도입하고 있는 분야가 호텔이다. 2018년 9월에 개업한 시부야 스트림 엑셀 호텔 도큐에서는 개업과 동시에 AI 로봇으로 제공하는 고객서비스를 도입하였다. AI 로봇은 주로 프런트에서 객실로 비품이나 렌트해주는 물건을 배달해준다. 호텔 프런트 앞에 대기하고 있다가 객실에서 요청이 있으면 배달한다.

이 호텔에서는 룸서비스 식사도 AI 로봇이 배달한다. 호텔에서는 로봇 배달 한정 룸서비스를 개발하여 제공하고 있다. 그중에서도 맥주세트가 인기 있는 서비스이다. AI 로봇이 배달하는 룸서비스 메뉴는 맥주 2병, 포테이토칩 1봉이 세트로 2,000엔(약 2만 2천 원)이다. 이 외에 고객의 분실물을 객실로 전해준다.

AI 로봇이 깜짝 서비스를 연출

2019년 4월, 동경 신주쿠 워싱턴호텔에서도 로봇 서비스를 도입하였다. 워싱턴호텔에서는 객실에 비치한 비품 배달뿐만 아니라 호텔 매장에서 판매하는 케이크, 꽃 배달 서비스까지 담당한다. 호텔에서 케이크 배달이나 꽃 배달을 로봇으로 제공하면서 다양한 깜짝 서비스도 연출한다. 결혼기념일, 생일, 다양한 기념일에 로봇이 배달하는 이벤트를 할 수 있기 때문이다. 특히 어린이 고객에게는 잊지 못할 추억을 만들어줄 수 있는 이벤트를 AI 로봇으로 연출하고 있다.

고객들이 로봇 서비스나 로봇이 제공하는 이벤트가 SNS상에 공유되면서 호텔을 광고하는 효과도 가지게 된다.

호텔 업계에서 배달로봇을 도입하는 사례가 늘어나는 이유는 24시간, 언제든지 객실로 배달할 수 있기 때문이다. 특히 새벽 시간대에 로봇이 객실까지 운반하는 일을 담당해준다면 인력 절감효과가 클 수 있다.

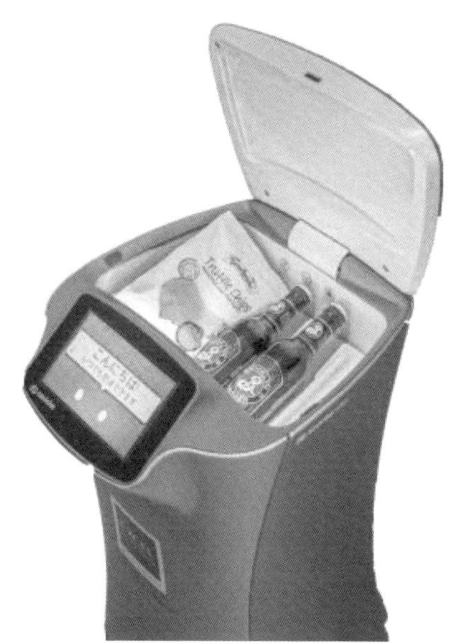

시부야 스트림 엑셀 호텔 도큐에서 제공하는 로봇 배달세트

이러한 측면에서 본다면 로봇이 인간의 일을 대체하는 효과를 가진다. 부족한 노동력을 보충하는 수단으로 로봇이 활용되는 것이다(Robotstart.info, 2018).

로봇 서비스는 고객들의 프라이버시 보호에도 기여한다. 무인 로봇 서비스이므로 고객과 직원이 불편하게 얼굴을 마주하는 번거로움은 피할 수 있다. 호텔에서 투숙할 때, 잠옷 차림이나 편안한 차림으로 쉬고 있는데 직원이 배달을 온다면 옷을 입어야 하는 불편함을 느낄 것이다. 로봇이 해주는 서비스라면 이런 면에서 불편을 덜어줄 수도 있을 것이다.

그리고 호텔에서 종종 발생하는 직원과 투숙객 간 트러블도 예방할 수 있을 것이다. 호텔에서 필요한 물품을 주문했는데 잘못가지고 오거나 늦게 가지고 오는 경우, 고객과 마찰이 일어나기도 한다. 로봇이 배달하면 이러한 마찰을 줄일 수 있다는 장점이 있다.

로봇과 인간이 서로 커뮤니케이션을 배우는 학습 공간

일본에서는 '로봇 서비스(Robotics as a Service)'라는 말이 유행하고 있다. 좁은 의미에서는 로봇으로 제공하는 서비스를 의미하지만, 로봇, 그리고 로봇이 이동하면서 서비스할 수 있는 시스템, 기존 시스템과 연계하여 전체 시스템을 하나의 서비스로 파악, 제공하는 것이다.

카페 델리 지지코가 있는 동경의 시로야마 트러스트 건물의 경우, 로봇이 건물 안에서 자유자재로 움직이기 위해서는 로봇과 엘리베이터 같은 주변장치가 연계되는 시스템이 필요하다. 그리고 건물 내부의 지도

정보도 필요하고 로봇이 정상적으로 움직이고 있는지 실시간으로 감시, 확인하는 시스템도 필요하다. 이렇게 로봇이 움직일 수 있는 전체적 환경과 그것으로 인해 제공되는 서비스가 '로봇 서비스(RaaS)'이다.

그러므로 이 카페에서는 단지 기존에 사람이 하던 일을 로봇이 대체했다는 의미도 있지만, 카페에서 사람은 '손님과 얼굴을 마주하면서 제공하는 서비스'에 전념, 특화한다. 그 대신 이동이나 배달은 로봇에게 맡기는 역할 분담이 생긴 것이다. 이렇게 서로가 잘하는 분야에 전념할 수 있을 때, 생산성이나 효율성은 높아질 수 있을 것이다.

인공지능과 로봇이 점점 더 똑똑해지고 역할이 증가하게 된다면 인간과 로봇 간 역할분담 문제는 중요한 사회적 이슈로 등장하게 될 것이다. 그러한 시대가 어쩌면 곧 다가올지도 모른다. 그렇다면 우리가 '어떤 일을 담당할 것인가' 하는 문제는 매우 중요하다. 이러한 고민은 곧 우리 인간이 로봇이나 인공지능을 어떻게 활용할 것인가 하는 문제이기도 하다.

이제는 로봇이나 인공지능이 인간사회의 생활 속 인프라로 자리 잡아가고 있다. 고속도로, 핸드폰과 같이 인공지능도 이제는 하나의 생활 인프라가 되고 있다. 즉 인간생활에 필요한 기초적인 기반이 되어가고 있다는 것이다. 인공지능이 국가가 제시하는 미래 사회 속에 등장하는 것이 아니라, 우리의 일상 속에서 만나고 이용하는 인프라가 되고 있다. 로봇 서비스가 대기업이 진행하는 장기 프로젝트나 새로운 비즈니스가 아니라 누구나가 일상생활에서 사용하는 일상적 서비스로 변화하고 있다(田中潤・松本健太郎, 2018).

앞으로는 인공지능이 대학이나 기업연구소 실험실에 갇혀 있는 기술이 아니라 '일상 속 AI', 그리고 '라이프 스타일 AI'로 변신하게 될 것이다.

이미 인공지능은 우리가 살아가는 가정, 사회의 구석구석에 스며들어 있어서 언제, 어디서나 존재하는 보편적인 기술로 변해가고 있다. 이런 변화에 주목해본다면 인공지능 기술은 인터넷처럼 우리의 생활 인프라(Life intelligence)가 되고 있다.

인프라는 사용하는 사람들이 어떻게, 얼마나 잘 사용하는가에 따라서 그 유용성이 달라질 것이다. 그러므로 시간이 소요되는 업무는 AI 로봇에서 맡기고, 인간은 본연의 행위에 집중하는 것이다. 로봇이나 인공지능이 더 잘하는 일은 그들에게 맡기고 우리 인간은 우리가 더 잘하고 더 의미 있는 일에 집중하는 그런 시대로 전환되고 있다고 본다. 이러한 역할분담과 공생의 지혜를 고민할 시기가 다가왔다.

7장

AI가 추천하는 꽃집
— 데이터 경제와 AI 예측 사회

꽃을 판매하는 인공지능(AI)

인공지능(AI)의 보급이 늘어나면서 소규모 가게에서 활용되는 사례들도 늘어나고 있다. 예를 들면 꽃집에서 AI가 고객의 정보를 가지고 원하는 꽃다발을 추천해주는 것이다. 꽃은 사는 사람들마다 취향이나 선호하는 종류가 달라서 추천하기가 쉽지 않다고 한다. 수십 년간 꽃집을 운영한 사람은 과거의 경험을 바탕으로 한 노하우를 가지고 고객이 원하는 꽃을 추천해준다. AI가 고객에게 꽃을 추천하는 과정도 사람이 행한 그간의 노하우를 데이터화한 것이다. 차이가 있다면 인간의 기억력에는 한계가 있다는 점이다. 그러나 인공지능(AI)은 데이터를 점점 무한대에 가깝게 확장할 수 있다는 점이다.

대체로 꽃가게에 손님이 들어오면 주인은 이전에 방문한 손님인지, 아닌지를 제일 먼저 판단할 것이다. 이전에 온 손님이라면 이전에 구입한 꽃이 있으니 추천하기도 쉽고 또 친숙하게 대화를 이끌어가면서 원하는 꽃을 권하기도 쉬울 것이다. 그리고 외견상으로 판단 가능한 정보들, 예를 들어 성별, 대략적인 연령대에 따라서 결혼 여부도 조금은 감이 잡힐 수도 있을 것이다.

외모를 보고 알 수 있는 정보에는 수입도 포함될 수 있을 것이다. 옷차림이나 가방, 모자 등으로 굳이 예측해본다면 가능할 수도 있다. 방문하는 시간대나 분위기를 통해서 직업도 예측할 수 있다.

꽃을 파는 인공지능

또는 꽃을 대하는 태도를 보고, 꽃을 좋아하는 사람인지 아닌지, 꽃을 사는 목적이 선물용인지, 집에 가져갈 것인지 정도는 오랜 경험이 있다면 추측 가능할 것이다. 여기에다가 꽃을 구입하는 예산 범위를 알 수 있다면 손님이 만족할 만한 꽃을 추천하는 데 더 도움이 될 것이다.

일본의 'SPJ'라는 인공지능(AI) 개발회사가 '꽃 파는 AI'를 개발하였다. 꽃집에서 AI가 손님에게 꽃을 추천해주는 과정을 살펴보자.

인공지능이 꽃 파는 가게

꽃 가게 입구에는 태블릿 단말기 모니터 놓여 있다. 손님이 들어오면 모니터 속 AI 캐릭터와 손님이 이런 대화를 주고받게 될 것이다.

AI: 어서 오세요.
　　오늘은 생일 선물용 꽃다발을 만드시겠습니까?
손님: 음악 콩쿠르에 입상하여 축하 꽃다발을 사려고 합니다.
AI: 받으시는 분은 남자인가요, 여자인가요?
손님: 여자입니다.
AI: 나이는 어느 정도인가요?
손님: 10대입니다.
AI: 대략적인 예산은 얼마인가요?
손님: 적당히 알아서 부탁드립니다.
……

이렇게 자연스럽게 대화가 지속되고 나면 AI가 모니터 화면에 세 가지 종류의 꽃다발을 추천해준다. 손님에게 이 세 가지 중에서 마음에 드는 꽃다발이 있는지 확인을 요청한다. 손님이 그중에서 하나를 선택한다. 만약 마음에 드는 것이 없는 상황이라고 판단되면 추가로 다른 꽃다발 세 가지를 다시 추천한다. 손님이 꽃을 결정하면 금액을 확인하고 결제가 진행된다. 그런 다음,

AI: 꽃다발은 지금 가져갈 것인가요, 아니면 나중에 가져갈 것인가요?

손님: 지금 가져갈게요.

AI: 그럼 잠시만 기다려주세요. 지금부터 꽃다발을 만들어드리겠습니다.

이렇게 구입하고 꽃다발을 만드는 과정이 진행된다.

주인이 꽃다발을 만들어 손님에게 전해주면 모든 과정이 끝난다.

실제로 이러한 과정은 사람이 가게에서 하는 대화 내용과 다르지 않다. 단지 이 모든 과정이 모니터 속 캐릭터와 이루어진다는 것이 다르다. 그러나 인공지능이 능력을 발휘하는 것은 세 가지 종류의 꽃다발을 제시하는 것이다. 만약 10가지 종류를 제시한다면 손님이 그 10가지 중에서 하나를 선택하는 것이 쉽지 않을 수도 있다.

인공지능이 3가지 꽃다발을 선택할 때, 인공지능 태블릿에는 카메라가 내장되어 있어서 손님의 성별, 대략적인 연령을 추측한다. 그리고 대화에서 얻는 정보로 고객정보를 생성한다. 고객정보가 완성되면 과거의 고객정보 중에서 지금 손님과 가장 비슷한 손님의 정보를 찾아서 그 당시 손님이 구입한 꽃 중에서 3가지를 제시해주는 것이다.

인공지능이 과거의 고객정보 속에서 지금 가게에 있는 고객의 정보와 가장 근접한 정보를 찾는 것은 통계적 기법을 이용하는 것이다(中島秀之 · 丸山宏, 2018). 그리고 그 데이터에 따라 손님에게 꽃을 추천하는 것이다. 인공지능은 현재 방문한 고객의 정보에 가장 근접한 고객정보를 통계적으로 분석하여 찾아낸다. 이러한 과정에서 인공지능이 능력을 발휘할 수 있게 된 이유는 스스로 학습하기 때문이다. 오늘 방문한 고객에게 추천한 꽃이 손님의 마음에 들었다면 인공지능은 그걸 기억하고 다음에 이런 유사한 손님이 왔을 때 그것을 활용한다.

인공지능은 학습하면 할수록 더 똑똑해진다. 현실적으로 꽃가게의 규모가 아무리 크다고 할지라고 하루에 방문하는 손님의 수는 한정되어 있다. 그러나 다른 지역에서 인공지능이 추천하는 꽃집이 있다고 한다면 그 가게의 데이터를 통해서도 학습할 수 있다. 꽃집이 전국에 체인점 형태를 하고 있다면 매일매일 정보를 저장하고, 1년이면 엄청난 양의 고객 데이터가 쌓이게 될 것이다. 이러한 엄청난 데이터를 가지고 손님에게 추천하게 된다면 정확도는 점점 높아질 것이다.

꽃집에서 꽃을 파는 인공지능에게 가장 중요한 역할은 손님과 대화하는 능력이다(World AI System, 2017). 통상 손님과 대화하는 인공지능은 다양한 분야에 걸쳐 지식이나 정보를 가지고 있어야 한다. 다양한 손님들이 다양한 분야의 이야기를 걸어오기 때문이다. 그러나 꽃집의 경우는 꽃에 관련된 내용으로 대화의 내용이 특화된다. 그러므로 꽃집에서는 꽃 관련 대화 내용에 특화하여 꽃 이름, 관련 단어, 대화내용의 패턴 등을 데이터화하고 인공지능에게 학습시키게 된다.

현재까지 인공지능이 가장 능력을 잘 발휘하는 분야가 바둑, 장기, 퀴즈, 꽃 등 특정 분야이다. 그러므로 꽃집에서 사용하는 대화에 익숙해

지면 AI가 손님에게 꽃을 추천해주는 것은 기술적으로도 어렵지 않을 수 있다.

꽃 파는 인공지능에는 고정밀 대화엔진과 의사결정엔진이 탑재되어 있다. 즉 하나는 손님과의 대화에서 손님의 정보를 얻는 시스템이고 다른 하나는 손님의 정보와 과거 고객 데이터를 가지고 손님에게 제공할 꽃다발을 결정하는 시스템인 것이다. 손님과 대화를 나누는 대화엔진에는 음성인식 기술이 도입되어 있다. 또한 카메라로 손님의 얼굴이나 외모 등을 인식하는 화상인식 기술도 응용하고 있다(Livedoor News, 2017). 카메라로 인식한 손님의 얼굴이나 외모를 저장해둔다면 다음에 방문했을 때는 금방 얼굴을 알아볼 것이다. 그리고 친절하게 단골손님에게 말하는 멘트로 말을 걸어줄 것이다.

경험칙에 갇히지 않는 존재가 인간

지금까지 살펴본 '꽃 파는 인공지능'은 인간의 과거 행동에서 나타난 패턴이나 법칙을 발견하여 그것에 따라 현재의 행동을 결정하는 것이다. 과거의 데이터를 분석해보았더니, 예를 들면 40대 남성은 대체로 아내의 생일이나 결혼기념일 정도에 꽃을 사러 오고, 그 아내의 나이는 대체로 40살을 기준으로 많거나, 적었다. 그러므로 그 연령대에서 가장 많이 사는 꽃이나 좋아하는 꽃이 몇 가지로 좁혀질 것이다. 그래서 손님에게 생일에 가장 많이 사는 꽃이 통계분석을 통해서 제시될 것이다. 결혼기념일에도 마찬가지이다. 연령과 이벤트에 따라서 구입하는 꽃의 종류가 경험적으로 밝혀진다면 인공지능이 꽃을 권하는 것도 가능하게 될 것이다.

어쩌면 이러한 분야는 이전부터 프로야구, 프로축구 등에서 널리 활용되고 있는 '데이터 스포츠'와 유사하다. 과거의 데이터에 기초하여 상대방의 작전을 예측하고 그에 맞게 수비를 준비하는 것 말이다. 그렇다면 우리가 여기서 한 가지 생각해야 하는 것은 인간의 행동이 경험적 확률 형태로 반복적으로 나타난다고 봐도 무방한가 하는 문제이다.

인간에게는 누구나 공통적으로 가지고 있는 속성이 존재한다. 인간은 누구나 먹고, 자고, 성장해서 성인이 되고, 나이가 늘면서 병도 들고, 언젠가는 죽게 된다. 그러므로 이러한 삶의 과정 속에서 거치는 단계가 비슷할 수 있다. 그렇다고 본다면 인공지능처럼 과거 경험에서 현재, 또는 미래의 인간 행동을 예측하는 것은 어렵지 않다. 그리고 인공지능의 예상은 설득력이 있을 것이다.

그러나 다른 측면에서 보면 인간은 진화를 한다. 그리고 문화, 종교, 인종, 기후 등에 따라서 다르게 진화, 적응해왔다. 이러한 차이는 삶의 양식이나 가치관, 관습을 다르게 만들었다. 그런 점에서 인간은 과거 경험과는 다른 행동이나 결정을 할 가능성도 높다.

꽃을 파는 인공지능은 인류 전체에게 적용하는 범용 인공지능이 아니다. 그렇다면 "한국 사람, 일본 사람처럼 인종도, 문화도, 기후도 같은 조건에 있는 사람들에게는 적용 가능하지 않을까" 하고 인공지능이 반문할 수 있을 것이다. 그렇지만 같은 한국 사람끼리도 요즘처럼 세상이 빠르게 변화하는 시대에는 세대별 차이가 존재할 수 있다.

요즘에는 5~10년도 멀다하고 세상이 바뀌고 있다. 이렇게 빠르게 변화하는 시대에서 과거의 경험이 어느 정도 동질성을 가진다고 볼 수 있을까? 세대 차이가 존재한다는 것은 인간이 시대를 인식하고 적응하는 방법이 다르다는 것을 나타내주는 것이 아닐까? 그렇다면 과거의 경험치가 가지는 의미가 매우 한정적이라는 것을 의미한다.

인간은 창의성을 가진 존재라는 점에서 다르다

물론 인공지능은 과거의 엄청난 빅 데이터 속에서 공통적인 부분을 추출하여 통계적으로 설명하고 있다고 할 것이다. 인공지능이 제시하는 과거 행동에 대한 공통적인 부분에 대해서 이해한다고 하더라도 여전히 남는 의문은 인간이 가진 창의성이다. 스포츠 분야에서 보는 바와 같이 선수는 과거의 데이터처럼 움직이지 않는다. 전혀 새로운 선택을 하는 경우도 많다.

꽃집에서 인공지능이 추천해주는 꽃을 사는 것은 쉽고 간단한 방법일 것이다. '무얼 살까' 하고 고민하지 않아도 되기 때문이다. 그러나 우리가 이런 편리함에 익숙해져서 생각하고 고민하는 것을 게을리 한다면 인간의 창의성은 쇠퇴할 수도 있을 것이다. 인간은 '생각하는 존재'이기 때문에 역사상 많은 예술작품을 만들어왔다. 그리고 그런 창의성에 기반한 생각들이 오늘날의 진화를 가져왔다.

그렇다면 꽃집에서 추천하는 인공지능의 결정에 우리의 선택을 가두지 말고, 창의적이고 인간적인 선택으로 꽃을 사는 것이 중요하다는 생각이 든다. 설사 꽃 사는 일을 인공지능에게 맡기는 일이 있더라도 우리의 창의성을 필요로 하는 일에서는 실력을 발휘할 필요가 있다.

인공지능(AI)이 계산하는 가게들이 늘어나고 있다

큰 쇼핑센터에 가면 짜증나는 일 중 하나가 계산할 때 길게 줄서는 일이다. 대형 매장에서 할인하는 주말에는 더욱 오래 줄 서서 기다려야 한다. 줄 서서 기다리는 일은 한국이나 일본이나 번거로운 일이다.

최근 일본에서는 슈퍼마켓, 대형마트에서 줄 서서 기다리는 문제를 해결하는 방법으로 'AI 계산대'가 등장하고 있다.

대형마트에서 줄 서서 기다리는 시간을 줄이기 위해서는 계산대를 늘리는 수밖에 없다. 그러나 계산대를 늘리면 계산대를 설치하는 공간이 필요하고 그 다음으로는 점원을 늘려야 한다. 요즘처럼 인력이 부족한 상황에서 점원을 늘리는 것은 쉽지 않다. 더욱이 인구가 감소하는 사회적 추세를 고려할 때, 점포 규모를 늘리는 것도 선택하기 어려운 일이다. 이러한 문제를 해결하기 위하여 AI 계산대를 활용하는 것이다.

AI 계산대는 기존의 셀프 계산대와 비슷하다. 기존의 셀프 계산대는 IC칩이 부착되어 있거나 바코드가 부착된 것이다. 바코드의 경우는 손님이 하나하나 리더기로 바코드를 읽어야 한다. 구입하는 물건의 수만큼 리더기로 읽어야 하는 번거로움이 있다. 또 가게 입장에서는 물건마다 바코드를 부착해야 하는 번거로움이 있다.

IC칩의 경우, 구입한 물건을 바구니에 넣어서 한꺼번에 계산할 수 있는 장점이 있다. 그러나 바코드와 같이 리더기로 읽을 필요는 없지만, 가게 점원이 IC칩을 물건마다 부착해야 하는 번거로움이 있는 것은 마찬가지이다.

AI 계산대에서 계산하는 모습

물건의 모양으로 값을 기억하는 AI 계산대

AI 계산대의 경우, 물건에 바코드나 IC칩을 부착할 필요가 없다. 인공지능(AI)이 화상정보 형태로 물건의 모양을 기억하기 때문이다. 즉 AI 계산대는 바코드나 IC칩을 인식하는 것이 아니라 상품의 크기, 패키지 디자인을 인식한다. AI 계산대는 손님들이 상품을 상품 바구니 안에 어떤 형태로 넣어두더라도 인식 가능하다. 결제는 신용카드나 모바일 페이로 한다.

AI 계산대에는 카메라가 내장되어 손님의 성별, 연령, 구입물건의 종류 등에 대한 데이터베이스 구축도 가능하다. 이러한 데이터를 바탕으로

무인 점포의 외형 (ITmedia, 2018.12.16)

계절에 따라 잘 팔리는 물건에 대해서 특별판매 캠페인도 가능하다. 그리고 연령에 따라 물건을 추천해주는 것도 가능하게 된다.

결국, AI 계산대의 진화는 무인점포 실현을 가능하게 할 것이다. 상품 진열은 인공지능이 탑재된 로봇이 담당하고, 계산은 AI 계산대가, 그리고 결제는 신용카드나 모바일 페이 같은 캐쉬리스 형태로 이루어진다면 무인점포는 가까운 미래에 우리의 일상 속으로 들어오게 될 것이다. 이미 일부 지역에서는 무인점포가 도입, 운영되고 있다.

한국에서도 무인 편의점은 쉽게 찾아볼 수 있다. 인력 부족 문제를 해결할 방안으로 도입되는 경우가 대부분이다. 편의점에 들어갈 때, 신용카드를 인식시키고 계산할 때도 무인으로 계산이 이루어진다.

2018년 10월 16일, 동경 아카바네역 구내에 무인점포가 오픈되었다.

이 무인점포는 기존의 전철역 구내에 위치하는 편의점이나 키오스크 점포와 다르지 않다. 차이는 입장할 때, 교통카드(일본에서 대중적으로 사용하는 Suica, PASMO 같은 교통카드. 다른 것도 가능)나 모바일 카드를 찍고 들어간다는 것이다. 물건을 사는 방법도, 진열장도 기존의 편의점과 전혀 다르지 않다. 한 가지 다른 점이 있다면 천장에 달린 카메라가 인물을 인식하고 누가 무엇을 사고 있는지 식별한다는 것이다. 그리고 물건 진열장에서 손님이 무엇을 선택했는지를 인식한다. 물건을 골랐다가 다시 되돌려놓으면 물론 그것도 정확하게 인식한다(IT Media Business, 2018).

사고 싶은 물건을 전부 고른 후에 입구의 결제 존(Zone)에 들어오면 자동으로 손님이 선택한 물건이 무엇인지 화면에 표시된다. 그러면 상품 구입 내용을 확인하고 결제하면 구입이 완료된다. 이후 밖으로 나오면 끝이다.

24시간 무인점포로 운영하는 할인마트

2018년 12월 일본 남부지방에 위치한 후쿠오카현 오노시로시에도 야간에 완전 무인점포로 운영하는 퀵(Quick)이라는 할인마트가 있다. 퀵은 1,000평방미터 정도의 크기에 술, 일용품, 식품 등 약 1만 개 정도의 상품을 판매하는데 저녁 10시부터 새벽 5시까지는 무인점포로 운영한다.

퀵은 일본의 파나소닉 전기와 협력하여 인공지능 기술을 활용하여 운영한다. 마트의 상품관리는 천장에 매달린 약 200개 정도의 카메라가 담당한다. 손님이 진열대에 놓여 있는 상품을 선택하면 카메라가 인식한

단말기 부착 쇼핑 카트에서 결재하는 모습 (毎日新聞, 2018.12.11)

다. 그리고 부족한 상품도 인공지능이 보충한다. 손님이 구입하는 물건의 결제는 전용 태블릿 단말기가 설치된 카트를 사용하거나 셀프 카운터에서 이루어진다. 할인마트를 이용하기 위해서는 사전에 등록된 프리페이드 카드가 필요하다(FNN Prime, 2018). 야간에 무인으로 운영하는 시간에는 사전 등록된 카드를 입구에 대고 들어갈 수 있다.

퀵이 야간에 무인매장으로 운영하는 배경은 역시 노동력 부족이다. 게다가 인구감소로 소비자가 줄어들면서 매장 운영을 효율화할 필요성이 제기되었기 때문이다. 결국 매장운영에 소요되는 비용을 줄이고, 경영 효율화를 위해서는 인공지능 이용이 필수불가결하다고 한다(齋藤薫, 2018).

현재 일본에서는 무인형태로 운영되는 AI 계산대 도입이 빠른 속도로 늘어나고 있다. 편의점, 마트, 옷가게에서 쉽게 볼 수 있다. AI 계산대 도입이 늘어나고 있는 이유는 역시 노동력 부족이다.

결국 일본에서는 일본 사회가 현실적으로 직면한 문제를 해결하는 '새로운 도구'로서 인공지능에 대한 이용이 늘어나고 있다. 현재 상태에서 인공지능이나 로봇의 도입은 노동력 부족, 생산성 향상, 그리고 점포의 효율적 운영, 고객 서비스 만족도 향상 등 같은 문제를 해결하는 '최적의 문제해결 방안'으로 인식하는 분위기이다.

제3부

확장하는 인공지능

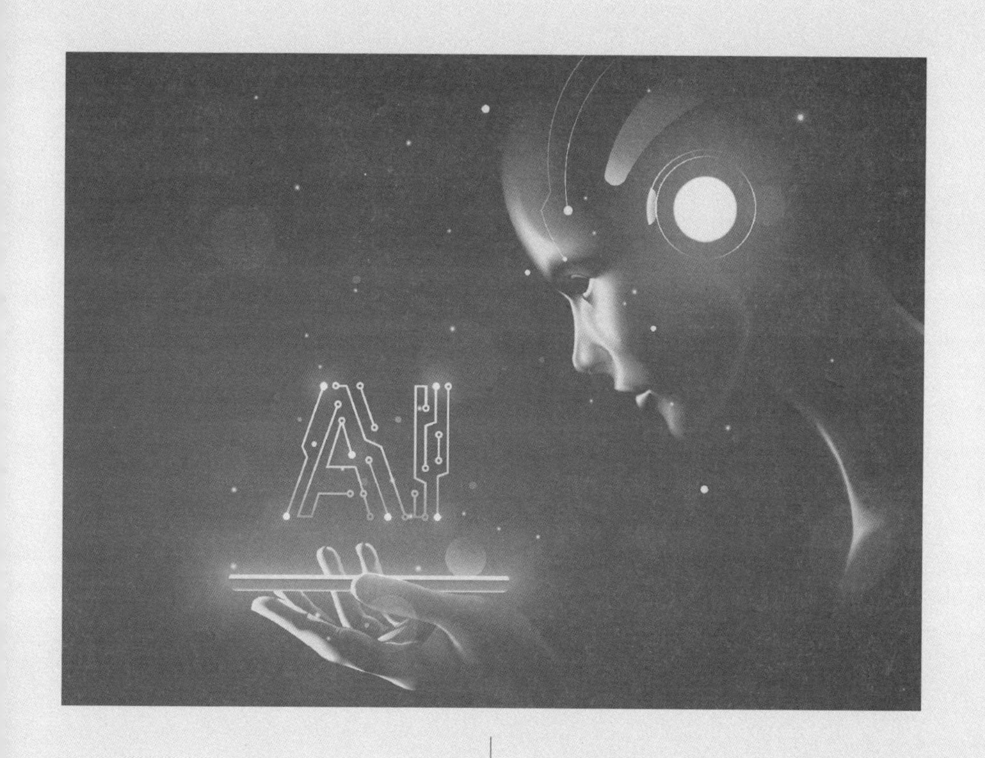

8장

AI 정치의 가능성

— AI가 시장 후보로 출마, 4천 표 이상 획득

AI 정치의 가능성

AI 정치인 프로젝트의 배경

2016년 11월 서울에서 개최된 글로벌 리더스 포럼(Global Leaders Forum)에서 세계적인 AI 기술자이며 연구자인 벤 괴르첼(Ben Goerzel) 박사가 중심이 된 'AI 정치인(ROBAMA)' 프로젝트가 발표되었다. AI 정치인 프로젝트는 현재 우리가 직면한 정치적 과제와 정체해 있는 민주주의를 혁신시키기 위한 프로젝트이다.

AI 정치인 프로젝트가 시작된 배경에는 현재 지구촌 사회가 직면한 포퓰리즘, 테러, 내전, 난민, 이민문제, 경제적 양극화, 기후온난화, 환경오염, 고령화, 식량위기, 핵무기 등에 대해 기존의 관료제적 대응체계로서는 대응 불가능한 문제들을 AI 기술로 해결하자는 의도가 있다. 그리고 이러한 문제를 둘러싼 의사결정과정이 다원화, 복잡화, 중층화된 측면도 존재한다. 글로벌화의 진행에 따라 국제적 이슈에 참여하는 주체가 다원화되고 문제 해결과정이 중층적 구조를 가지게 되면서 효율성을 담보하기 어렵게 되었기 때문이다. 가장 대표적인 사례가 기후협약 문제일 것이다. 그 이유는 기후협약 문제는 지구촌의 모든 국가에게 영향을 미치게 되면서 의사결정과정에 참여하는 국가가 대규모화했기 때문이다.

그리고 최근 글로벌 경제의 근본적인 문제는 경제적 부의 배분과정에서 양극화가 급증하고 있는데, 이러한 부의 배분이 편향적인 형태로 나타나는 것에 대한 불만이 제기되고 있기 때문이다. 국제 비정부조직(NGO) '옥스팜(Oxfam International)'이 발표한 자료에 따르면, 세계 상위 0.7% 부유층이 소유한 부가 전체 가계자산의 49.6%를 차지하고 있는 것으로 발표되었다(Newspim, 2016.11.23). 또 다른 통계를 보더라도 2017년 1년간 전 세계에서 만들어지는 부의 82%를 상위 1% 사람들이 독점하는 것으로 나타났다(朝日新聞, 2018.1.22). 이러한 경제적 양극화의 심화는 사회적, 정치적 혼란을 야기하고 있다.

AI 정치는 효과적인 정책실현과 효율성 증대

AI 정치인을 개발하는 목적은 AI 기술로 최적의 예산배분을 통해 효과적인 정책을 실현하고 정치의 효율성을 증대하려는 데에 있다. 그리고 정치인이나 관료의 부정부패, 편파적인 정책결정을 극복하여 자원감소시대에 정치적 효율성 추구, 공정한 정치적 의사결정 수단으로 활용하기 위해서이다. 현대사회는 정보의 홍수시대이고 팽창하는 정보에 대한 정치인이나 관료의 구태의연한 정책결정이 초래하는 문제점, 즉 새로운 사회적 변화에 대한 전문적 지식, 정확한 정보의 부족이 초래하는 문제들이 나타나고 있기 때문이다.

AI 정치인이 최적의 의사결정과 예산배분이 가능하도록 하기 위하여 '로바마(ROBAMA: Robotic Analysis of Multiple Agents)'에게 세계 각국의 헌법, 법률, 국방, 경제정책, 최근의 세계정세, 경제지표, 그리고 신문, 방송의 내용, SNS 여론 등을 입력한다(NHK, 2017). 이러한 정보에다가 수천만 명, 수억 명의 여론을 실시간으로 반영하는 시스템을 구축한다. 이런 시스템으로 국민들이 원하는 최적의 예산배분을 실행하고 정책결정을 진행한다는 것이다.

AI 정치인은 AI 기술로 국민들의 니즈를 파악하지만, 이런 과정이 포퓰리즘으로 흐르는 것을 방지하기 위한 시스템도 구상하고 있다. 즉 직접적인 투표방식으로 정책을 결정하는 경우 일반 국민은 1표씩, 전문가에게는 10표 이상을 부여하는 등 차등화 방식을 도입한다는 것이다(NHK, 2017).

AI 정치인 구상은 결국 지구상에 존재하는 방대한 정보에 의거한 정책정보를 선별하고 동시에 실시간으로 국민들의 요구를 파악하여 최적의 정책안, 예산배분 등을 마련한다는 것이다. 현행 대의민주주의 정치체제의 한계를 AI 기술로 극복한다는 프로젝트이다. 이러한 AI 정치인 프로젝트가 진행된다면 초기단계에는 대의민주주의를 지원하는 형태로 활용될 수 있을 것이다. 그래서 시간이 갈수록 기술이 발달하여 정확도가 높아지고 활동의 범위가 확대된다면 직접민주주의도 가능하게 될 것이라는 주장도 있다(福田雅樹他, 2017).

벤 괴르첼 박사가 중심이 된 'AI 정치인' 프로젝트는 2025년 범용 AI를 목표로 진행되고 있다. 이것이 실현되면 의원(대표), 정당, 이익집단 등 근대적 정치에서 중간조직으로 활동하는 다양한 단체를 소멸시킬 가능성이 내포되어 있다.

AI 정치인의 선거 출마

2018년 4월 15일 실시된 일본의 타마시 시장선거에 AI 후보자가 시장 후보로 출마하였다. 정확하게 말하면 현행 선거법상 후보자는 사람만이 출마할 수 있다. 로봇은 시장 선거에 후보자로서 출마가 불가능하다. 그래서 사람이 후보자로 출마하고 시장선거에서 당선되면 인공지능 기술로 예산배분과 정책결정을 추진한다고 공약하였다.

AI 후보자는 마츠다 미치히토(松田道人, 44세)로 무소속으로 출마했다. 이 후보자는 인물 자신이 아니라 로봇의 모습을 선거포스터에 인쇄하여 시민에게 제시하였다.

마츠다가 AI 후보를 표방한 이유는 앞에서 살펴본 AI 정치인 프로젝트와 일맥상통한다. 즉 AI 후보는 인간 정치인과는 달리 사리사욕이 없고 특정한 조직이나 단체와 연계되어 있지 않기 때문에 중립적인 정책결정이 가능하다고 주장한다. 더구나 정책을 결정할 때 AI가 다양한 데이터를 토대로 최적의 방법으로 최적의 결과를 예측하여 도출하게 될 것이라고 주장하였다(Next Wisdom Foundation, 2018).

특히 AI 후보가 자신의 핵심적인 공약으로 제시한 것은 예산편성과정에서 인공지능을 활용하여 불필요한 예산을 삭감하겠다는 공약이었다. 그리고 시내버스의 노선을 인구나 시민들의 이동행태에 따라 최적의 노선으로 재확정한다는 공약도 제시하였다(Business Insider Japan, 2018).

그 외의 공약은 다음과 같다. ▶시내버스를 자율주행 버스로 교체한다. ▶지역경제 활성화를 위하여 지역통화를 발행하겠다. ▶기존의 행정문서를 전부 검토하여 부적절한 부분은 수정하고 의회보고서에 대해서도 부적절한 보고서를 체크하여 의원들의 의정활동과 비용지출을 개혁

타마시 시장선거의 인공지능 후보자 포스터

하겠다. 이는 인공지능 기술로 과거의 행정문서를 데이터로 활용한다는 전략이다. 자치단체의 종합계획이나 정책결정 자료를 데이터로 활용하여 지역의 '최적 방안'을 도출한다는 것이다.

2018년 시장선거에서 AI 후보자는 4,013표를 획득하였으나, 낙선하고 말았다. 역시 AI 후보자가 시민들의 지지를 받기에는 아직 시기상조인 것 같다. 시민들의 반응은 AI 후보자가 주장하는 개혁의 필요성은 공감하지만 아직은 기계적인 효율성이나 합리성보다는 인간적인 성실성이 더 필요하다고 지적했다(東京新聞, 2019.5.9).

結果	得票数	写真	名前	年齢	性別	党派・会派	現新	肩書き
当選	34,603.000票		阿部 裕行 アベ ヒロユキ	62	男	無所属	現	多摩市長
	4,457.000票		高橋 俊彦 タカハシ トシヒコ	79	男	無所属	新	無職
	4,013.000票		松田 道人 マツダ ミチヒト	44	男	無所属	新	会社員

타마시 시장선거 개표 결과 (출처: 타마시 선거관리위원회)

시의원선거에서 AI 정당 후보자 출마

AI 후보자의 도전은 여기에서 그치지 않고 2019년 4월에 실시된 일본 전국동시지방선거에서 계속되었다. 이번에는 타마시 시의원선거에 지역정당으로 '인공지능이 일본을 바꾸는 정당(AI 정당)'을 창당하였다. 2018년에 시장선거에 출마한 마츠다 미치히토는 당대표에 취임하였다. AI 정당은 후보자를 공개모집하였고, 실제로 2019년 4월에 실시된 타마시 시의원선거에 후보자를 출마시켰다. AI 정당은 타마시 의원선거에서 로봇과 함께 선거유세를 진행하였다. AI 정당은 공약으로 인공지능을 활용하여 공정하고 효율적인 예산 집행이 가능하도록 감시하는 역할을 제시하였다(Business Insider Japan, 2018.4.13).

'인공지능이 일본을 바꾸는 정당(AI 정당)' 홈페이지
(출처: https://www.ai-mayor.com/)

伊沢ひろみ - 多摩市議会議員選挙 2019

動物福祉 と AI革命

1. 動物の虐待ホットライン創設
2. ねこの多頭崩壊防止条例を作ります
3. 多摩市初Esportsの大会開催
4. 多摩市にAIロイヤー配属
5. AIを駆使した公正な政治を行います。

2008年 脱サラしてねこカフェを開業
2010年 ブリーダー業開始
2015年 クラウドファンディングでサクセスしブリーダーサイト作成
2017年 7月の都議選出馬し落選
2017年 12月NPO法人キャットセイビア設立

AI 정당의 후보자 공약 (출처: https://www.ai-mayor.com/)

AI 정당은 4월에 실시된 타마시 시의원선거에서 고양이 카페를 경영하는 이자와 히로미를 공천했는데, 생활정치실현을 목표로 여성후보자가 출마하였다. AI 정당의 구체적인 공약은 ① 동물학대 핫라인 개설, ② 고양이 사육과 관련된 조례제정 같은 동물복지를 주요한 공약으로 제시하였다.

그리고 타마시에 AI 변호사를 채용하고 인공지능으로 시 예산을 적정화하겠다는 공약도 제시하였다. 실제로 4년 전에 출마한 후보자들의 공약, 과거의 시 예산 내역, 시의회가 중점사업으로 추진한 정책을 수치화하여 시 예산의 삭감 금액을 산출하였다. 인공지능이 재산출한 예산은 복지 분야에서 46억 엔 삭감, 재난에 대비하여 책정한 예비비 예산에서 4억 엔 정도 삭감이 가능한 것으로 나타났다(東京新聞, 2019.5.9). 삭감 금액은 전체 예산 500억 엔 중에서 10% 정도에 해당한다.

AI를 활용한 정책개발은 더 효과적인가

AI를 활용하는 자치단체 정책결정이 증가

일본에서 지방자치단체 관련 업무를 담당하는 중앙부처는 총무성이다. 2019년 10월 기준으로 일본의 지방자치단체 중에서 AI나 로봇기술을 도입한(도입 중 포함) 비율은 90% 이상으로 나타났다. 광역시도 자치단체의 97.9%가 이미 도입하였거나 도입 중인 것으로 나타났다. 정령(政令) 지정도시의 95%, 구시군의 88.4%가 도입하였거나 도입 중인 것으로 나타났다. 이러한 결과를 보면 일본에서는 대부분 지방자치단체가 RPA(Robotics Process Automation)를 행정업무에 도입했거나 도입 중인 것을 알 수 있다(総務省自治行政局行政経営支援室, 2021). RPA는 지금까지 사람만이 가능하다고 상정한 작업이나 일을 사람 대신 실행하는 자동 엔진이나 AI를 지칭한다. 기계학습 같은 인지기술을 활용한 업무 대행, 업무 대체 프로그램을 의미하며, 일반적으로 업무 자동화 프로그램이라고 부른다. 자치단체에서 인공지능 활용은 다양하다. 예를 들면 음성인식 기술로 의회의 속기록 작성, 지자체 내부에서 열리는 각종 회의의 회의록 작성, 민원과 관련해서 시민들의 문의에 자동적으로 응답하는 자동응답 업무 등에 도입되고 있다.

최근에는 시에서 운영하는 유치원의 입학생 배정을 인공지능으로 해결하는 자치단체가 늘어나고 있다. 실제로 동경 근처, 사이타마시의 경우, 유치원 입학생 배정이 대체로 매년 1월에 이루어진다. 그러므로 시 직원 30명이 약 1,500시간 정도를 투자하여 유치원 입학생 결정 업무를 실시해왔다. 2017년에 AI를 활용한 배정에서는 단 몇 초 만에 완료되었다. 사이다마시는 후지츠 기업과 공동으로 유치원 입학생 배정에 필요한 인공지능 기술을 개발하였다. 이러한 인공지능 기술을 2019년부터는 다카마츠시, 시가현 쿠사츠시, 히로시마현 오노미치시 등에서도 도입하였다. 현재 30여 개 자치단체가 도입을 추진하고 있다(일본 총무성, 2019).

나가노현은 지속가능한 방안을 AI로 도출

최근 일본의 자치단체들은 인구감소, 고령화, 지역경제의 위축 등 다양한 문제를 안고 있다. 이러한 상황에서 2040년까지 지역사회가 직면할 문제에 대한 해결방안을 인공지능(AI)으로 도출하는 프로젝트가 진행되고 있다. 대표적인 자치단체가 일본에서 최장수 지역으로 알려진 나가노현이다. 나가노현은 교토대학, 히타치제작소 등과 공동으로 '나가노현 지속가능한 미래 정책연구'를 추진하였다. 구체적으로 나가노현이 "2040년까지 지속가능한 지역사회를 실현하기 위해서는 무엇을 어떻게 할 것인가"라는 현안문제에 대한 정책방안을 AI로 도출하는 것이다.

우선, 2018년 3월에 책정한 종합5개년 계획에서 인구, 지역총생산, 관광객 수, 저출산, 고령화, 글로벌화, 수익성과 창조성 높은 농업, 건강 만들기, 매력 있는 육아지원, 평생학습, 자연환경, 지역사랑 등 키워드를 선별했다. 그리고 이런 키워드들 간 상호 인과관계를 설정하고 인과관계의 방향과 상관관계의 강도를 계량화한 후, AI 모델로 계산을 진행하였다(나가노현, 2019).

AI 모델 계산 결과, 약 2만 개 정도의 미래시나리오가 도출되었다. 다시 전문가, 직원들이 참여하는 워크숍 등을 거쳐서 최종적으로 6개 시나리오로 집약되었다. 나가노현의 2040년 지속가능한 지역사회 실현을 위한 최선의 방안은 "지역의 관광 분야에 자원을 투자하면서 지역의 교통망을 정비하는 것"으로 도출되었다(나가노현, 2019). AI가 제시한 정책을 충실하게 진행해간다면 2040년의 소득은 지금보다 높아지고 주민은 건강한 생활이 가능할 것이다. 인구감소도 최소한으로 줄어들면서 나가노현은 지속가능한 사회가 실현될 것으로 보고 있다.

지자체에서 AI를 활용한 지속가능한 미래 정책연구는 나가노현 외에도 오카야마현 마니와시, 기후현 오가키시에서도 진행되고 있다. 2019년 한 해에만 일본 총무성 지원으로 약 30개 자치단체가 AI를 활용한 지방자치단체 업무 스마트화 사업을 진행하고 있다.

그리고 중앙부처에서는 문부과학성이 '일본 고등교육의 지속가능성 도출방안' 프로젝트를 AI가 분석하여 진행하고 있다.

인공지능(AI)을 활용한 지속가능한 정책연구는 지자체 차원에서만 진행되는 것이 아니라 일본 사회 전체차원에서도 이미 진행되었다. 교토대학이 추진한 '2050년 AI가 도출한 일본 사회의 지속가능 방안'이 바로 그것이다. 교토대학 히로이 요시노리(廣井良典) 교수팀 진행한 연구 결과가 2018년 9월에 발표되었다. 이 연구에서는 재정적자, 저출산, 환경파괴 등 약 150개 사회적 요인으로부터 인과모델을 작성하였다. 이 모델에서도 AI가 일본 사회가 선택할 수 있는 약 2만 개 시나리오를 계산하였다. 도출된 시나리오는 다시 전문가 그룹이 참여하는 분석과정을 거쳐 최종 방안이 마련되었다.

교토대학연구팀은 향후 일본 사회가 지속가능성을 확보하기 위해서는 '도시집중형' 또는 '지방분산형'이라는 두 가지 방안 중 어떤 것을 선택할 것인가가 가장 본질적인 문제라고 지적하고 있다. 이러한 선택을 할 시기가 6~8년 후에 발생할 개연성이 높다. 또한 인구, 지역, 격차, 건강, 행복이라는 키워드에서 주목해보면 '지방분산형' 방안이 가장 바람직하다는 정책 대안을 제시하였다(廣井良典, 2019).

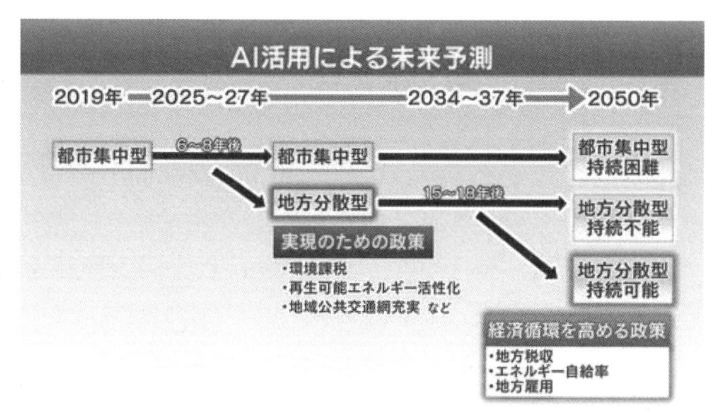

2050년 AI가 도출한 일본 사회의 지속가능 방안 (출처: 広井 良典, 'AIが示す日本社会の未來', 2019)

결국 일본 사회가 지속가능성을 확보하는 최선의 방안인 '지방분산형'을 실현하기 위해서는 환경세 부과, 재생에너지 사용 활성화, 지역의 대중교통망 충실 등 정책이 유효한 것으로 제시되었다. 향후 '지방분산형' 정책 방안을 선택해도 약 15~18년 이후에 이러한 정책의 지속가능성 여부를 알 수 있다. 더구나 '지방분산형' 정책 방향 속에서도 지역의 경제적 순환을 높이는 정책이 필요하다. 지방의 경제적 순환은 지방세수, 에너지 자급자족, 지방의 고용을 늘리는 방안을 통해서 가능하다고 제시하였다(廣井良典, 2019).

AI 정치의 한계

지금까지 일본에서 AI가 선거에 출마하거나 정책결정에 활용되는 사례를 살펴보았다. 정치나 지방행정 분야에서 인공지능의 활용은 아직 초보단계이다. 시장선거에서 AI 후보자는 낙선하였다. 그리고 지방선거에서도 여전히 당선되지 못했다. 그 이유는 아마도 AI가 시민을 대표해서 정치를 하기에는 시기상조라는 인식 때문일 것이다.

유권자는 여전히 자신이 알고 있는 후보자에게 투표하는 경향이 강하다. 유권자는 정책보다 후보자의 도덕성, 능력 같은 개인에 대한 평가를 중시해서 투표한다. 한국의 선거에서도 학연, 혈연, 지연, 소속 단체 같은 요인을 중시한다. 실제로 의원들의 인식도 인공지능이 가지는 효율성, 합리성, 정확성만으로는 AI 정치는 불가능하다고 보고 있다(東京新聞, 2019.5.9). 정치는 의회 내에서 다른 정당과 상호 협력하는 것이 중요하며, 이러한 정당 간 협력은 결국 인간성을 토대로 하기 때문이라고 볼 수 있다.

지방선거에서 AI 정당의 후보자에 대한 유권자의 인식도 여전히 기계에게 자신의 대표 역할을 맡길 수 없다는 반응을 보였다. 인공지능은 합리적인 예산편성, 효율적인 정책결정 등에서는 인간보다 뛰어난 역량을 발휘할 수 있을 것이다. 그러나 정치의 세계는 예측하지 못한 다양한 문제들이 일상적으로 발생하는 영역이다.

AI는 돌발적인 상황에 대처하기 어려운 측면과 인간이 가지는 비합리적인 측면 즉 감정을 가지지 못했다. 지방의원이나 시장은 시민들의 이익을 합리적으로 대변해야 하기도 하지만 시민들의 어려운 사정을 이해하고, 공감하며 이를 보듬어주는 역할도 중요하다. 그러나 현재 인공지능에게 이러한 역할은 기대할 수 없다.

AI는 도출과정을 설명하지 못하는 한계

일본의 지방자치단체에서 추진하는 지속가능한 정책 만들기와 관련해서도 인공지능의 한계는 여실히 드러난다. 이러한 한계를 보충하기 위하여 인공지능과 인간이 공동으로 참여하는 형태로 진행되고 있다. 먼저, 지역주민이나 시민단체, 지자체 공무원들이 현실적으로 느끼는 지역사회의 문제점을 추출한다. 그리고 지역사회가 직면한 문제들을 해결하는 방법 도출은 AI 모델에게 맡긴다. 인공지능은 방대한 데이터를 분석하여 지속가능한 시나리오를 도출한다. 마지막으로 도출된 시나리오는 전문가들이 취합하는 과정을 거쳐서 지속가능한 방안이 마련된다.

이러한 방식을 샌드위치 방식이라고 하는데, 우선 사람－AI－사람의 방식으로 진행하기 때문이다. AI는 수백 가지가 넘는 변수들을 가지고 시나리오를 제시해준다. 그러나 실제로 왜 그러한 시나리오가 만들어지게 되었는지는 설명하지 못한다.

그래서 AI의 판단이나 결정은 '블랙박스'라고 설명한다.

또 하나, AI가 가지고 있는 문제점은 해결방안을 도출하는 알고리즘(계산이 이루어지는 절차를 표시한 수식)에 따라 해답이 달라질 수 있다는 점이다. 결국 이러한 알고리즘은 개발회사나 개발자에 따라 달라질 수 있다. 해결방안이 특정 지역이나 집단에게 유리하게 만들어질 가능성도 있다. 이러한 점에서 모두의 합의를 얻기 어려운 현실적인 문제점도 있을 수 있다.

AI와 정치의 문제는 민주주의와 직결된 문제이기도 하다. 민주주의는 인간이 도출하기 어려운 훌륭한 해결방안을 만들어내는 것이 아니다. 도출된 결과에만 만족하는 것이 아니라 과정, 즉 정책이 만들어지는 과정이 공정하고 투명해야 한다. 그러나 인공지능이 작동되는 과정은 언제나 '블랙박스'로 남아 있다. 결국 결정과정이 투명하게 보이지 않는 상황에서 민주주의는 작동하기 어렵다. 우리는 인공지능이 분석하는 정책결정과정을 바라보면서 민주주의 과정인 대화와 토론, 숙의, 설명책임 등 절차가 가지는 의미를 새삼 생각하게 된다.

정치는 인간사회가 직면한 다양한 문제도출, 그리고 그것을 해결하는 효율적인 정책방안, 실행방법을 모색하는 형식적인 절차가 아니다. 결국 정치는 공동체구성원 모두가 사회적 합의과정에 참여하여 자신의 의견을 말할 수 있는 열려진 공간이자 과정이라는 의미를 새삼 확인하게 된다.

9장

AI 창작은 새로운 예술 분야인가

— AI 예술시대의 도래

최근, 인간과 인공지능이 비교되는 국면이 늘어나고 있다. 인공지능(AI)의 기능이 향상되면서 사람이 하던 일을 대체하는 기회들이 많아지고 있어서 그럴 것이다. 그러나 설사 인공지능이 인간이 하는 역할을 대체하는 경우가 늘어나고 있다고 해도 인간 고유의 활동인 예술이나 창작활동은 좀처럼 흉내 내기 어려울 것으로 예상해왔다. 그러나 예술 분야에서도 AI가 소설을 쓰고, 작곡을 하고, 그림을 그리는 일이 생겨나고 있다.

실제로 AI가 예술작품을 만들고 있다고 한다면 그것은 인간 고유의 활동인 창작활동과는 다른 것인지, 또는 AI가 학습하고 작품을 만들어내는 과정이 인간과 같은지 다른지 등 다양한 측면에서 관심이 집중되고 있다. AI 예술과 비교를 통해서 예술적 존재로서 인간의 모습도 생각해 보겠다.

아직 'AI 예술' 이라는 영역에 대한 범위가 설정되어 있거나 AI 예술에 대한 개념 정의가 이루어져 있는 것은 아니다. 그렇지만 AI가 예술세계에서도 새로운 작품들을 내놓는 것을 계기로 AI도 창작성, 예술성을 가진 존재인가에 대해서도 새삼 논쟁이 일어나고 있다. 이러한 측면에서 "창작성, 예술성은 인간만이 가지는 고유한 특성인가"라는 문제에 대해서도 고민해볼 필요가 있다.

뉴욕 옥션에서 AI 그림이 5억 원에 낙찰

2018년 10월, 뉴욕 옥션에서 인공지능(AI)이 그린 그림이 출품되었다. 옥션에서 낙찰된 금액은 43만 2,500달러(환화 약 5억 938만 원)로 예상을 훨씬 뛰어 넘는 금액이었다. 그리고 인공지능이 그린 그림이 옥션에 출품된 것은 이번이 처음이라고 한다. 이번 출품은 앞으로 'AI 예술 시대'가 다가오고 있음을 알리는 신호탄인지도 모르겠다.

이번에 출품된 작품은 프랑스 파리에 있는 기업가와 예술가들이 함께 참여하는 오비어스(Obvious)라 불리는 연구팀에서 제작하였다. 작품명은 '에드먼드 벨라미 가(家)의 초상화(Edmond de Belamy, From La Famille de Belamy)'이다. 초상화 연구팀은 AI에게 14세기부터 20세기까지 그려진 초상화 1만 5,000점을 학습시켜서 '에드먼드 벨라미 가의 초상화'를 제작하였다. 초상화 학습에 활용된 프로그램은 딥 러닝이다. '에드먼드 벨라미 가의 초상화'를 출품한 연구팀은 딥 러닝 방법 중에서 '적대적 생성 네트워크(GANs: Generative Adversarial Networks)라는 기술을 활용하였다.

적대적 생성 네트워크(GANs) 기술은 두 개의 인공지능 네트워크 시스템을 서로 경쟁시키면서 보다 더 진짜에 가까운 그림이나 물건을 만들어내는 기술이다. 첫 번째 시스템은 창작 AI 시스템(Generative Network)이다. 두 번째는 판별시스템(Discriminative Network)이다. 창작 AI 시스템은 학습한 데이터를 토대로 '에드먼드 벨라미'에 가까운 초상화를 그린다. 이에 반하여 판별 AI 시스템은 창작 AI 시스템이 그린 그림에서 인물과 다른 점을 찾아내어 판별하는 작업을 진행한다. 이렇게 하나는 실물에 보다 가까운 그림을 그리려고 노력하고, 반대로 다른 하나는 진짜와 다른 점을 찾아내는 작업을 반복하는 과정에서 정확도가 높아진다.

인공지능이 그린 그림
(출처: The "AI generated" portrait Christie's is auctioning off right now, PHOTO: AFP/AFLO)

AI도 인간처럼 창작성, 예술성을 가질 수 있는가

이렇게 창작과 판별을 반복하는 과정으로 그린 '에드먼드 벨라미 가의 초상화'의 제작과정을 살펴보면 새롭게 창작한 그림이라고 보기는 어렵다는 생각이 든다. 적대적 생성 네트워크(GANs) 기술을 가진 두 개의 인공지능 네트워크 시스템 모두에게 실물 모델을 주고 창작과 판별을 해내도록 했는데, 이러한 과정은 창작이 아니라 더 정확하게 모방하는 작업이었다고 볼 수 있다.

그러나 여기에서 AI 예술에 도전하는 그룹은 반박한다. 인간의 창작 활동도 모델이나 사물을 보고 그리거나 과거의 그림들을 학습하면서 자신의 그림을 그린다는 것이다. 소설의 경우도 자신의 과거 경험이나 체험들을 소재로 작품이 만들어진다는 점에서도 유사하다고 반박한다(NHK, 2018.11.20). 이렇게 AI가 그린 그림이 예술작품인지 아닌지에 대한 논쟁은 인간의 창작, 예술이 무엇인가에 대한 논의로 귀결될 수밖에 없다.

AI 예술의 저작권 문제

AI 예술의 수익은 누구의 것인가

초상화 연구팀이 만든 '에드먼드 벨라미 가의 초상화'가 5억 원 이상 높은 가격에 팔리게 되면서 AI 예술과 관련해서 저작권에 관한 문제가 제기되었다.

초상화 연구팀이 AI 초상화를 그리는 데 활용한 기법은 앞에서 설명한

대로 적대적 생성 네트워크 기술이다. 그중에서도 미국의 19세 소년 로비 바렛(Robbie Barrat)이 개발한 오픈소스 형태의 프로그램이다. 로비 바렛은 적대적 생성 네트워크 기술로 초상화를 그리는 과정에서 'Wiki Art' 사이트에서 그림을 가지고 와서 AI에게 학습시켰다고 한다. 'Wiki Art' 사이트에는 약 25만 장 정도의 그림이 보관되어 있어서 다양한 그림으로 AI에게 학습이 가능하다고 한다. 로비 바렛은 자신이 개발한 초상화를 그리는 프로그램을 'GitHub'에 전부 공개하였다(NHK 논설위원실, 2018.11.20).

초상화 연구팀은 로비 바렛이 공개한 프로그램으로 '에드먼드 벨라미 가의 초상화'를 그린 것이다.

그렇다면 그림 값으로 받은 5억 원이 누구의 소유인가는 하는 문제가 제기되었다.

초상화 연구팀은 '에드먼드 벨라미 가의 초상화'를 그리는 과정에서 로비 바렛이 공개한 프로그램을 활용한 것은 시인했다. 그러나 프로그램을 가지고 와서 인공지능에게 14세기부터 20세기 시기에 그려진 초상화 1만 5,000점을 학습시킨 것은 자신들이라고 주장하였다. 즉 같은 프로그램을 사용하였지만 자신들이 새롭게 학습시켜서 '에드먼드 벨라미 가의 초상화'가 탄생하였다는 주장이다. 인공지능은 같은 프로그램일지라도 학습방법이나 내용에 따라서 다른 결과가 만들어진다고 한다.

이러한 측면에서 본다면 '에드먼드 벨라미 가의 초상화'는 애초의 개발자 로비 바렛과는 관계가 없다는 주장이다. 여기까지만 본다면 초상화 연구팀의 주장이 맞을 수도 있다.

AI 예술의 저작권자는 누구인가

또 하나는 로비 바렛이 오픈소스 형태로 프로그램을 개발하였기 때문에 누가 어떤 식으로 이용해도 관계가 없다. 오픈소스는 누가, 언제라도 자유롭게 이용하는 것을 전제로 프로그램이 공개되기 때문이다.

그러나 로비 바렛이 공개한 프로그램을 그대로 이용하여 그린 그림이라면 오픈소스라는 형태의 프로그램이라 할지라도 그림 값을 독점하는 것은 도의적으로 비판받을 수 있다. 또는 초상화 연구팀이 그림 제작과정에서 로비 바렛의 프로그램을 이용하였다고 솔직하게 인정하였다면 도덕적으로 비판받지 않아도 될 것이다.

'에드먼드 벨라미 가의 초상화'에 관한 논쟁이 의외의 방향으로 전개되면서 AI 작품의 저작권 문제가 제기되었다. 앞에서 살펴본 바와 같이 AI 예술작품의 소유권과 책임이 누구에게 있는가 하는 문제이다. 초상화 연구팀은 로비 바렛이 개발한 프로그램으로 자신들이 새로운 학습을 시켰기 때문에 자신들에게 결과물이 귀속된다는 논리이다.

반대로 로비 바렛에게 권리가 있다고 주장하는 사람들은 애초 프로그램을 작성한 개발자는 로비 바렛이며, 초상화 연구팀은 단지 사용방법을 달리하였기 때문에 원래 개발자에게 권리가 있다는 것이다. 이런 논쟁은 인공지능이 학습을 한다는 점에서 기존의 논리와는 다른 차원에서 진행되고 있다.

이러한 논쟁은 자율주행 자동차 사고에서도 동일한 방식으로 제기되고 있다. 인공지능이 운전하는 자율주행 자동차가 사고를 일으켰다면 사고의 책임을 누구에게 물어야 할 것인가 하는 문제이다. 기존의 해결방법에서는 자동차를 운전한 사람이나 차량 소유주에게 책임을 물으면 된다. 또는 차량에 결함이 있는 경우에는 제조사에게 제조물책임법에 따라 책임을 물을 수도 있다.

그러나 자율주행 시스템에서는 상황이 달라진다. 동일한 프로그램으로 운행되는 자동차일지라도 운전자의 운전 습관이나 학습내용에 따라서 자동차가 다른 판단을 할 수 있기 때문이다. 경우에 따라서는 시스템 자체인 AI에게도 책임을 물을 수도 있다. 그러므로 자율주행 자동차가 운행되는 시대에서는 법적 책임과 배상 책임을 분리해야 한다는 주장이 제기되기도 한다.

AI는 저작권을 가지지 못함

초상화 연구팀이 제작한 '에드먼드 벨라미 가의 초상화'는 누구에게 저작권이 있을까? 현재 AI가 만들어낸 저작물에 대한 저작권 문제는 첨예한 쟁점이 되고 있다.

현재 통상적으로는 AI 저작물에 대한 저작권 문제의 핵심적인 기준은 'AI가 도구로 사용되고 있는가' 하는 문제이다. 사람이 AI를 도구로 활용해서 만든 작품은 인간에게 저작권이 있다는 것이다. 가장 대표적인 예가 바로 카메라이다. 사진작가가 카메라로 찍은 예술적 사진들은 전적으로 사진가에게 저작권이 있는 것이다. 그렇지 않고 자동작곡 시스템에서 만들어진 음악처럼 인간이 도구로 활용하지 않고 자동적으로 만들어진 결과물에 대해서는 저작물로 인정하고 있지 않다(CNET Japan, 2018).

현재 상황에서는 인공지능이 만든 저작물에 대해서 인간에게 저작권을 인정하고 있다. 그 이유는 인공지능은 작품을 만드는 수단이라고 인식하기 때문이다. 그리고 반대로 자동 작곡 시스템 같은 프로그램이 만든 결과물을 자신이 만들었다고 주장하는 경우, 그것을 증명해야만 저작권이 인정된다. 그러나 그러한 경우는 거의 드물다고 한다.

인공지능(AI) 예술의 시대

AI 예술들

지금까지는 예술은 우리 인간만이 가지는 분야로 인식하여 왔다. 동물, 식물 그리고 기계는 예술세계와는 거리가 먼 존재들로 인식하여 왔다. 그 이유는 아마도 인간만이 감정을 가지고 공유하는 능력을 가졌기 때문일 것이다. 이러한 감정은 고차원적인 뇌 활동과도 관련성이 있을 것이다. 예술은 인간이 생존하기 위하여 노동만 하는 것이 아니라 삶 속의 여유와 가치 있는 활동 속에서 삶의 만족감을 느끼는 존재이기 때문에 가능할 것이다. 그래서 인간만이 예술을 창작하고 그것을 즐기면서 살아가는 존재로 인식하게 된 것인지도 모르겠다.

그러나 최근 인공지능이 음악을 만들거나 연주하는 것을 어렵지 않게 접할 수 있다. AI가 소설을 발표하기도 하였다. AI에게 렘브란트의 그림을 학습시켜서, 즉 렘브란트의 작품성을 학습시켜서 렘브란트 스타일로 새로운 그림을 그리게 하는 프로젝트도 진행되었다(松尾豊, 2019).

AI에게 개봉영화의 예고편을 만들게 하는 작업도 진행되었다. IBM은 2016년에 개봉된 공포영화 〈모건(Morgan)〉의 예고편은 인공지능 왓슨으로 만들었다. IBM은 왓슨에게 다량의 공포영화 예고편을 보여주었다. 즉 왓슨에게 공포영화의 예고편을 학습시킨 것이다. 왓슨은 매우 똑똑한 인공지능이므로 예고편이 어떤 영상, 음악, 전체적인 구성이 필요한지를 학습하게 되었다(Nissen Digital Hub, 2019.3.13). 그런 다음 왓슨에게 〈모건〉 본편을 보여주고 영화를 분석하게 만들었다. 마지막으로 〈모건〉에 나오는 영상, 음악을 추출하여 예고편을 만들게 하였다.

왓슨이 만든 〈모건〉의 예고편은 공개되어 있다.* 예고편을 만드는 데 소요된 시간은 하루 정도였다고 한다. 통상은 1주일 정도가 소요되지만, 왓슨은 앞에서 설명한 내용들을 하루 만에 분석, 학습한 후, 제작했다고 한다(Mugendai, 2018.3.21).

AI가 작곡하는 사이트인 '주크덱'은 일상화

음악 분야에서도 AI 활용은 오래 전부터 시도되고 있다. 2015년 12월부터 '주크덱(Jukedeck)' 사이트가 개설되어 운영되고 있는데 이곳은 다름 아닌 AI가 작곡하는 사이트이다.

또한 특정 인물의 악곡을 AI에게 학습시켜서 작곡하는 것도 가능해졌다. 대표적인 것이 '에미(Emmy)'이다. 에미는 미국의 작곡가인 데이빗 코엡(David Koepp) 교수가 만든 AI 작곡 프로그램이다. 인공지능 '에미'가 만든 비발디, 베토벤, 바흐의 악곡은 유튜브에서도 들을 수 있다. 데이빗 코엡 교수는 에미에게 바흐의 악곡을 학습시켜서 바흐 스타일의 작품을 만들고 있다. 실제로 에미가 작곡한 곡을 음악 평론가들에게 들어주는 블라인드테스트 결과 약 50% 이상이 바흐 곡이라고 평가하였다고 한다(Telescope Magazine, 2016).

* http;//www.Mugendai-web.jp/archives/7221

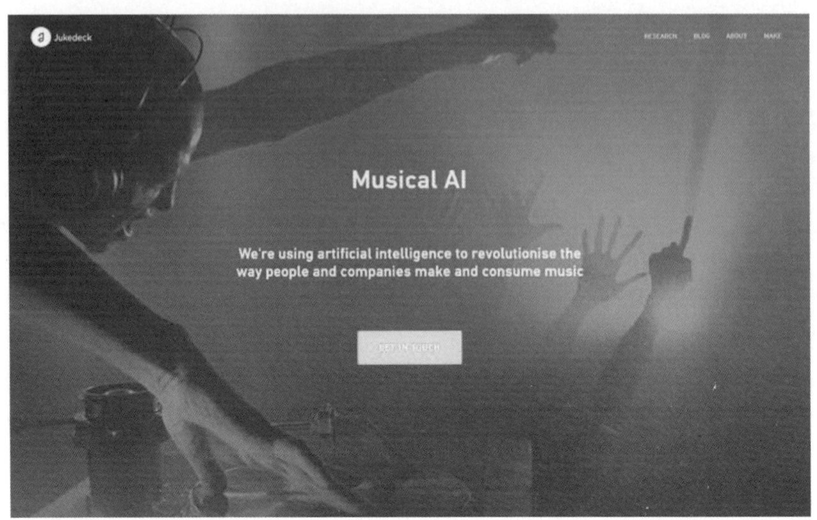

AI가 작곡하는 사이트인 주크덱

AI가 작곡하는 사이트인 주크덱(http://jukedeck.com)에서는 간단하게 작곡이 가능하다. 사이트에 접속하여 로그인 등록 후, 'CREATE A TRACK' 버튼을 누르면 작곡이 시작된다. 작곡이 이루어지는 순서를 보면 ① 작곡하고 싶은 장르를 선택한다. 장르는 피아노음악, 포크(Folk), 락(Rock), 팝(Pop), 영화음악, 드럼과 베이스(DRUM & BASS) 등 10가지 장르에서 선택할 수 있다. 음악의 무드도 사이트의 예시에서 선택할 수 있다.

② 음악의 길이, 시간을 선택한다. 시간은 자유롭게 선택가능하다. ③ 클라이맥스(Climax) 타이밍을 선택한다. 예를 들어 작곡하는 음악의 길이가 1분 30초라고 한다면 클라이맥스 타이밍을 45초에 설정하는 방식이다. 그러면 전체 1분 30초 음악 중에서 45초 정도가 되면 음악의 클라이맥스를 만들어준다. ④ 악기(Instrument)를 선택한다. ⑤ 템포를

선택한다. Slow-Medium-Fast-Exact BPM 중에서 선택할 수 있다.

이렇게 하고 나서 'CREATE TRACK' 버튼을 선택하면 작곡이 이루어진다. 작곡이 이루어지는 시간은 대체로 30초 정도면 충분하다. 경우에 따라서 3분~5분 정도 소요되는 경우도 있다. 완성된 곡은 편집이 가능하고, 편집까지 완성되면 자유롭게 음악을 들을 수 있다. 이렇게 자동으로 완성된 음악을 주크덱에서 구매하는 것도 가능하다. 개인이 영리활동을 위해서 사용하지 않는다면 무료이다. 그 대신 "Music from Jukedeck-create your own at http://jukedeck.com"라고 표기하여 사용하면 된다.

AI가 작곡하는 사이트 주크덱에서는 50만 곡 이상이 이렇게 자동으로 만들어졌다. 주크덱에서 만든 곡을 배경음악(BGM)으로 사용한 동영상도 급증하고 있다. 주크덱에서 만든 곡을 배경음악으로 한 유튜브 동영상이 3,000만 회 이상 재생되고 있다고 한다(Telescope Magazine, 2016.3.31).

인공지능(AI)의 글쓰기

스포츠기사, 일기예보 기사는 AI가 작성

최근 AI가 신문 기사를 작성한다는 말을 종종 듣는다. 실제로 일본경제신문사의 경우, 기업들의 결산보고서 기사는 AI가 작성하고 있다(일본경제신문 기시미네 히로시 논설위원 인터뷰, 2019.7.22). AP통신의 경우는 이미 2014년부터 기업의 결산보고서 기사를 AI에게 맡기고 있다. AP통신은 미국 노스캐롤라이나에 있는 'Automated Insights' 회사가 개발한 '워드 스미스(Word Smith)'라는 프로그램을 이용한다. 이 프로그램은 엑셀 형태의 수치만 있는 보고서일지라도 기사로 전환하는 것이 가능하다. 즉 수치상으로 제공되는 팩트(fact)만 제공하면 AI가 알아서 기사화한다.

AI가 작성한 기사에는 기자의 이름 대신 AI가 작성했다는 표시를 한다. 혹시 어떤 기사를 읽고 나서 "story was automatically generated by Automated Insights"라고 표시되어 있다면 그것은 AI가 작성한 기사이다.

기업의 결산보고서 기사 외에 스포츠 기사는 많은 신문사에서 AI가 작성한다. 스포츠 경기를 보도하는 기사는 거의 정형화되어 있는 경우가 많다. 그래서 정해진 포맷에 스코어만 기입하면 자동으로 기사가 완성되기 때문에 AI가 작성해도 전혀 손색이 없다고 한다. 그리고 지진 관련 기사도 마찬가지이다. 한국에서도 '라인(LINE)'으로 지진 기사를 보내주고 있다. 일기예보 기사도 다르지 않다.

이러한 기사들은 정형화되어 있고 짧은 내용이지만 소설 같은 문학작품도 AI가 쓸 수 있을까?

AI 소설이 문학상 본선에 진출

2016년 3월, 일본에서 AI가 쓴 소설이 호시 신이치 문학상 예선을 통과하여 화제가 되었다. 호시 신이치 문학상은 SF 작가 호시 신이치(星新一)를 기념하기 위해서 만든 문학상이다. 특히, 호시 신이치 문학상은 문학적 발상 중에서도 이과계열 사람들의 발상으로 만든 단편소설을 대상으로 공모가 이루어지는 문학상이다. 공모부문에는 일반부문, 주니어부문, 학생부문으로 나누어져 있다. 공모 규정에 인간 외에 인공지능도 응모가능하다고 명기하고 있다. 주최는 일본경제신문사이고 주로 단편 소설을 대상으로 한다.

AI가 소설작품을 써서 호시 신이치 문학상에 출품하게 된 계기는 인공지능(AI) 연구자와 호시 신이치의 유족이 작가의 작품을 AI에게 학습시키고 새로운 작품을 만들어보자는 의도에서 시작되었다. 2016년에 홋카이도 하코다테미래대학 인공지능 연구팀(대표 마츠바라)이 주축이 되어 진행하였다. 이 연구팀에서는 호시 신이치가 남긴 약 1,000편 정도의 단편소설을 AI에게 학습시켰다.

호시 신이치의 간결하면서도 선명한 문체를 특징으로 하는 문장 구조, 발상법을 AI에게 가르친 것이다. 이러한 과정을 거쳐서 AI가 만든 작품이 "컴퓨터가 소설을 쓰는 날" 등 2편의 소설이다. 2016년에 출품한 소설은 400자 원고지 3장 정도 분량이다. 소설의 스토리가 대략 3개 정도로 구성되는 형식이다.

인공지능(AI) 연구팀이 AI에게 소설을 작성하게 만드는 과정은 다음과 같다. 먼저, AI에게 기존의 소설작품을 학습하게 한다. 소설가 호시 신이치가 생전에 남긴 소설 작품을 모두 AI에게 학습 데이터로 제공한다. 이러한 사전 학습을 통해 AI는 소설의 기본적인 구성을 이해하게 된다. AI는 다양한 작품을 분석하여 문장의 구성이 어떤 식으로 이루어지며, 전체적인 스토리 전개가 어떤 흐름으로 이어지고 있는가를 학습한다.

AI는 스스로 사고하면서 작품을 구성하기보다는 작품 속에서 패턴을 찾아낸다고 보는 것이 더 정확할 것이다. AI는 기계이며 프로그램이다. 그러므로 AI는 방대한 기존의 소설을 통계적으로 분석하고, 패턴화하는 작업을 진행한다. 예를 들어 날씨가 맑은 날에는 어떤 표현들이 많은지, 눈이 오는 날에는 어떤 장소에서 주인공이 주로 어떤 행동을 하는지 등에 대해서 문장을 패턴화하는 것이 가능하다(Internet Academy, 2018).

2016년 호시 신이치 문학상에 출품한 소설도 전적으로 인공지능이 스스로의 영감에 따라 홀로 소설작품을 만든 것이 아니다. 이 프로젝트를 진행하는 연구팀에서 ① 날씨에 대해서, ② 주인공 설정, ③ 대략적인 스토리, ④ 핵심 키워드… 등을 AI에게 제공하였다. 그러면 AI는 기존에 학습한 내용을 토대로 연구팀이 설정한 구성에 따라서 소설을 작성해가는 것이다. 결국 AI는 이미 정해진 형식에 따라 적절한 단어, 표현을 선택하여 채워간 것이다.

이렇게 만들어진 소설은 전적으로 AI의 작품이라고 보기는 어렵다. 당시 이 연구프로젝트를 진행한 하코다테미래대학 인공지능 연구팀의 마츠바라 교수는 실제로 인간이 80%, 인공지능(AI)이 20% 정도를 만들었다고 평가한다(日本經濟新聞, 2016.3.21). 아직 AI 소설은 기계적인 절차를 거쳐서 이루어지는 작업에 불과하다고 볼 수 있다. 이러한 측면에서 현재 소설은 작품을 만드는 과정이라기보다는 정해진 프로그램에 따라서 언어를 취사선택하고, 문장 틀에 맞게 작성하는 작업이라고 볼 수 있다.

그런데도 불구하고 2016년 호시 신이치 문학상에 출품된 AI 소설이 예선을 통과한 이유는 무엇일까? AI가 가장 잘하는 분야는 통계적인 분석과 패턴화일 것이다. AI는 특정한 작가의 작품성을 분석하는 것이 가능하다. 예를 들어 호시 신이치 문학에 등장하는 단어 중에서 가장 높은 비율을 차지하는 단어가 무엇인지, 문장 구성에 어떤 공통점이 있는지, 소설의 스토리가 전개되는 과정에 어떤 공통점이 있는지 등에 대해서 분석하는 것은 가능하다. 통상적으로 문학에서 말하는 작가의 특징, 작가의 아이덴티티, 사상 등과 같은 것을 추출하는 것은 가능할 수도 있다. 특정 작가의 모든 작품을 학습시키면 공통적인 패턴이 나타날 수 있기 때문이다.

작가의 작품성 분석은 가능할 수도

또 다른 인공지능 연구팀의 마츠바라 교수는 일본의 유명한 소설가인 고마츠의 미완성 유작을 완성하는 작업을 진행하였다(東洋經濟新聞, 2016.3.16). 고마츠는 미완성 소설 『허무회랑(虛無回廊)』을 남기고 사망했다. 고마츠 유족들은 완성하지 못한 소설작품을 완성시키기 위해서 인공지능(AI)에게 고마츠가 쓴 소설을 전부 학습시키고 있다. 이러한 과정에서 AI가 작가의 작품성을 학습하게 된다면 미완성 소설 『허무회랑』은 마치 본인이 쓴 것처럼 완성시킬 수 있다고 보기 때문이다.

이렇게 작가 개인에 대한 작품성, 작가에 대한 아이덴티티, 문장 구성의 특징을 AI가 파악할 수 있게 된다면 특정 작가 팬들에게 맞춤형으로 제공할 수 있는 작품을 제작할 수 있게 될 것으로 보고 있다(日本經濟新聞, 2016.3.21). 이러한 가능성은 AI가 만들어내는 새로운 예술 장르가 될 수도 있을 것이다.

이렇게 특정한 예술가의 작품성을 학습하여 새롭게 만들어내는 예술 분야는 비단 소설에 극한하지 않을 것이다. 예를 들어 빈센트 반 고흐를 좋아하는 사람들에게 고흐의 그림을 감상할 수 있는 기회가 지속적으로 주어지게 될 것이다. 음악 분야에서는 모차르트의 음악을 AI가 새롭게 만들어서 모차르트 팬들에게 제공할 수 있을 것이다.

‘감성형’ 인공지능(AI)은 아직도 불가능

소설을 쓰는 AI, 그림을 그리는 AI, 작곡을 하는 AI는 ‘감성형’ 인공지능이라고 부른다. 이렇게 예술 작품을 만드는 인공지능을 감성형으로 부르는 이유는 인간의 감성을 이해해야 하기 때문이다. 소설 작품에서는 작가가 표현한 문장에 담긴 감정을 이해해야 하기 때문이다. 그리고 그러한 감정은 유사한 상황에서 재현되기 때문이다. 현재까지 상황을 보면 인공지능에게 인간과 비슷한 감정을 학습시키는 것은 가능하다고 한다(Forbes Japan, 2016).

그것은 인간의 감정을 희로애락으로 나누고, 그러한 감정이 어떻게 문학작품 속에서 표출되고 있는지를 학습시키면 될 것이다. 그리고 사람들이 하는 말에 따라서 이모티콘으로 자신의 감정을 표현하는 것도 가능할 것이다. 그런데 이러한 표현은 사람과 커뮤니케이션을 위한 수단으로 활용되는 아이콘에 불과하다.

예를 들어 로봇이 고층빌딩까지 커피를 배달해주었을 때, “고마워요”라고 말을 건네자 로봇의 화면에 웃는 모습의 이모티콘이 표시된다면 이러한 표시는 감정이 아니라 기계적인 반응이다. 그런 측면에서 아직 인공지능은 감정을 이해하지 못한다고 볼 수 있을 것이다. 결국 인공지능은 감정을 이해한다고 해도 그러한 감정 표출로 아름다움(美), 즐거움(快), 슬픔(哀) 같은 감정을 만들어내지는 못한다.

설사, 소설에서 작가에 대한 작품성 분석이 어느 정도 이루어져 유사한 표현을 한다고 하더라도 AI는 왜 그렇게 표현하였는지에 대해서 설명하지 못한다. 단지 그러한 표현이 가장 적절하다고 ‘선택’되었기 때문에 표현했을 뿐이다. 혹시 특정한 상황에서 작가와 매우 유사한 표현을 할 수 있다고 해도 그것은 작가와 같은 감정이나 상황인식 때문이 아니라 단지 그 패턴으로 표현하는 것으로 '분석'되었기 때문이다.

결국 '감성형' 인공지능이 소설을 쓴다고 해도 사람들이 읽고 공감하거나 재미를 느낄 수 있을지는 미지수이다. 아마도 소설의 형식을 갖추고 소설적인 표현은 가능할 수도 있다. 그래서 2016년도 호시 신이치 문학상 심사위원들은 대체로 100점 만점에서 60점 정도로 평가하였다(日本經濟新聞, 2016.3.21). 그렇지만 AI가 형편없는 수준은 아니라는 점이다. 우리가 통상적으로 성적을 줄 때, 60점 이상이라는 것은 '잘 한 것'은 아닐지라도 낙제점은 아니라는 것이다. 어쩌면 더 열심히 학습하면 더 높은 성적을 받을 수도 있다는 평가이지 않을까 생각한다.

AI는 예술작품을 창조할 인센티브를 가지고 있는가

인간이 예술작품을 만드는 동기는 다양하다. 순수한 예술적인 동기에서 소설이나 그림을 그리는 경우도 있을 것이다. 어떤 사람들은 예술작품을 통해서 유명인이 될 수 있기 때문이기도 하다. 최근에는 예술작품들이 고가화하면서 많은 돈을 벌기 위해서 예술 작품에 몰두하는 경우도 있다. 아니면 가족에게 선물하기 위해서 초상화를 그리는 경우도 있을 것이다.

그렇다면 AI는 어떤 인센티브를 가지고 소설이나 그림을 그리는 것일까? 아마도 AI는 프로그램 개발자가 설정하는 목표에 따라서 예술 활동을 할 것이다. 예를 들면 어떤 작품에 대해서 얼마나 많은 사람들이 접속하는 하는가(Page Views), 방문한 사람이 얼마나 오래 동안 머물면서 읽고, 감상하는가(체류 시간), 그리고 읽고 감상한 독자가 얼마나 많이 구독했는가(매출) 등이다(NHK Closeup 現代, 2016.7.16). 실제로 뉴욕 옥션에서 AI가 그린 그림이 5억 원 이상에 낙찰되었어도 AI는 단 한 푼도 자신의 몫으로 가지지 못했다. 경제적인 측면에서도 자신에게는 도움이 되지 못한다.

통상적으로 인간은 소설이나 그림을 그리면서 자신의 가치나 신념, 사상 등을 표현하고 사회적으로 발신한다. 그리고 인간은 자신들의 경험, 체험을 토대로 작품을 구성한다. 그러나 AI는 스스로에 대한 신념, 가치, 사상 등을 가지고 있지 않다. 과거의 경험이나 체험 속에서 터득한 감정이나 메시지가 있는 것도 아니다.

호시 신이치 문학상에 출품한 소설이나 2018년 뉴욕 옥션에 출품한 AI 그림도 프로젝트 형태로 진행된 작품들이다. 두 작품 모두 인공지능 연구자들과 예술가 그룹이 컴퓨터에게 학습을 시키고 그에 따라서 특정한 형태로 소설이나 그림을 그리도록 프로그램을 제공한 것이다. 즉 인공지능 스스로가 자유의사로 예술 작품을 만든 것이 아니다.

이런 측면에서 AI가 그림을 그리고 소설 작품을 만들었다고 '의인화' 하는 것은 오해를 가져올 수 있다. 왜냐하면 AI는 스스로 어떤 예술적인 영감이 발동하여 작품 활동을 진행한 것이 아니기 때문이다. 그리고 아직 AI는 예술작품이 되는 조건이나 기준에 대한 이해가 없다고 폄하할 수도 있을 것이다. 단지 사람들이 제공하는 프로그램에 따라서 문장을 작성하는 수준에 불과하다고 주장할 수 있을 것이다.

그러나 AI 예술의 정당성을 주장하는 사람들의 반박도 만만치 않다. 우선 AI는 기존 특정 작가의 소설을 학습하면서 소설의 조건, 구성 그리고 작품성 등에 대해서도 어느 정도 분석하여 패턴화를 파악하고 있다

(NHK논설위원실, 2018.11.20). 물론 프로그램에 따라 단어를 선택하고 스토리의 흐름에 따라 문장을 만들어가고 있다. 그러한 AI의 문장 작성 과정은 인간이 진행하는 창작활동과 다르지 않다고 주장하는 사람들도 있다. 대부분의 신인작가들은 정해진 구성이나 절차에 따라 문장을 작성하고 스토리를 만들어 간다는 것이다. 유명한 작가의 작품의 구성이나 전개과정을 모방하는 과정 속에서 자신만의 작품성이 만들어질 수도 있을 것이다. 그렇다고 한다면 AI 소설의 현재 단계는 크게 낮은 수준만은 아니라는 주장이다.

AI는 예술 분야에서 다른 창작활동을 위한 새로운 수단으로 인식되고 있다는 점에서 의미가 크다. AI는 바둑에서 인간 프로기사가 선택하지 않는 의외의 선택을 하는 것으로 알려지고 있다. 예술 분야에서도 AI의 활용은 새로운 수단으로, 새로운 발상이 가능하다는 것이다. 결국 이러한 특성이 예술 분야에 새로운 장르 또는 새로운 수법으로 작용하게 되면서 예술의 영역을 확장시키는 계기가 될 수도 있다(Mugendai, 2018.3.21).

앞으로 예술 분야에서 AI의 영역이 확장된다면 예술 작품도 인간이 만든 작품과 AI 작품으로 양분될 가능성이 있다고 본다. 우리가 수산시장에서 생선을 살 때, '자연산'과 '양식'을 구별하듯이 말이다. AI의 작품은 예술의 영역을 확대시키는 긍정적인 기여를 할 수도 있겠지만, AI가 예술작품을 대량생산하는 단계에 이르게 된다면 어쩌면 예술시장에도 가격파괴의 회오리가 몰아칠 가능성도 있다. 이러한 가격파괴는 고차원적 예술작품에서는 불가능하겠지만, 대량생산 가능한 분야에서는 현실화될 가능성도 있다. 결국 예술 분야에서도 대량생산 가능한 분야에서는 인공지능(AI)이 일정한 역할을 담당하게 될지도 모른다.

10장

유치원에서 코딩 · 영어를 가르치는 로봇

— AI 리터러시, 기계와 소통하는 방법 배우기

최근 일본의 초등학교 수업시간에 로봇이 자주 등장하고 있다. 그 이유는 2020년부터 교육과정 개편으로 프로그래밍과 영어 수업이 의무화되기 때문이다. 그래서 영어 수업과 프로그래밍 교육에 로봇을 활용하고 있다. 일본에서도 한국과 마찬가지로 10년마다 한 번씩 교육과정개편이 이루어진다. 이번 개편으로 초등학교 3학년, 4학년에서는 영어활동수업이 전면적으로 도입되었다. 그리고 5학년과 6학년에서는 '정식교과목'으로 영어가 채택되었다.

지금까지도 초등학교에서 영어 수업을 진행해왔지만, 2020년부터 정식 교과목으로채택되었다. 영어 수업이 교과화하면 성적평가까지 이루어져야 하므로 영어 수업을 담당할 교사 확보 문제는 긴박한 상황이 되어버렸다. 여기에 새롭게 프로그래밍 교육도 전면적으로 실시되면서 이에 대한 고민이 깊어졌다.

결국 새롭게 도입되는 영어 수업과 프로그래밍 교육을 담당할 교사가 없는 학교에서는 대안으로 로봇을 활용하는 사례가 늘어나고 있다. 상식적으로 생각하면 프로그래밍 교육과 로봇은 관련성이 있어 보이는데, 영어 수업과 로봇은 어떤 관계일까?

로봇과 함께하는 수업

로봇을 영어 보조교사로 도입

로봇은 초등학교 영어 수업에 영어보조교사(ALT: Assistant Language Teacher)로 본격적으로 도입되고 있다. 일본의 초등학교에서는 2011년부터 5학년, 6학년을 대상으로 주 1회씩 영어 활동 수업이 진행되어 왔다. 지금까지 초등학교에서 영어 수업은 담임선생님이 전담해서 가르치기 어려우므로 영어전담교사나 영어를 모국어로 하는 외국인 보조강사(ALT)가 주로 담당해왔다. 그러나 2020년 이후, 영어전담교사나 원어민보조교사를 확보하지 못한 학교에서는 대안 마련이 절박하게 되었다.

결국, 초등학교에서는 영어 보조교사를 대신하여 영어를 모국어처럼 말하고, 듣고, 읽고, 쓰기를 할 수 있는 로봇을 활용하여 수업하는 학교가 등장하게 된 것이다. 초등학교에서 로봇을 활용하여 영어 수업을 진행하는 경우, 원어민 같은 발음으로 영어 학습이 가능한 점과 그리고 학생들의 발음을 교정하거나 대화내용을 체크하는 점도 가능하다고 한다(Out-Sourcing Technology Robotics, 2019).

학교에서 원어민 보조교사를 채용하여 영어 수업을 진행하면 학생들에게 도움이 된다는 것은 누구나 알고 있다. 그러나 원어민 교사를 채용하면 여러 장점에도 불구하고 상당한 재정적 부담이 동반한다. 외국인 교사에게는 강사료 외에 항공료, 체재비, 주택비용 등이 추가적으로 소요된다. 1년간 원어민 보조교사를 1명 채용하는 데 대략 500만 엔(약 5,000만 원)이 소요된다고 한다. 여기에다 문화적 차이로 인해 발생하는 동료 교사와 갈등, 학생들과 마찰 같은 문제도 현실적으로 존재한다.

일본에서 2020년부터 초등학교 영어 교과에 대비한 원어민 교사의 채용은 꾸준히 증가하여 왔다. 2016년 기준으로 전국의 초등학교에 원어민 교사 채용 수는 12,424명으로 나타났다. 이 숫자는 2015년의 11,439명보다 985명 증가한 숫자이다. 그러나 2017년 기준으로 전체 초등학교 수가 20,095개임을 고려하면 원어민 교사 채용 비율은 62%에 머물고 있다(東洋經濟新聞, 2017.12.21). 이에 따라 원어민 교사를 채용한 학교와 그렇지 못한 학교의 학생 간 영어 학습 성취도에 격차가 우려되는 상황이기도 하다.

초등학교 외에도 중학교 10,325개, 고등학교 4,907개에서 영어 수업을 진행한다는 점을 고려하면 막대한 비용이 소요된다. 개별 학교는 물론 일본 사회 전체에서 부담해야 하는 비용은 막대한 금액에 해당한다.

화제 거리와 로봇과 커뮤니케이션하는 능력을 학습

학교에서 인공지능 기능을 갖춘 로봇을 활용하여 수업하는 경우, 원어민 교사의 역할뿐만 아니라 학생들에게 영어에 대한 관심, 흥미를 유발해줄 수 있다는 장점이 있다. 그리고 음성인식기술을 바탕으로 쌍방 대화는 물론 학생들과 대화할 수 있는 다양한 화제거리를 제공해주기도 한다. 로봇이 인터넷과 연결되어 있다면 다양한 검색기능을 활용하여 학생들과 커뮤니케이션이 가능하다.

일본의 학교에서 로봇을 활용하는 또 하나의 이유는 앞으로 다가올 제4차 산업혁명 시대에서 요구되는 기계, 로봇, 인공지능과 커뮤니케이션 능력을 키우려는 의도이다. 글로벌 시대에 접어들어서 다양한 인종, 문화, 종교, 가치관을 가진 사람들이 지구적 규모에서 이동하고 교류하는 시대가 되었다. 이러한 시대에 필요한 능력은 영어 같은 언어적 능력과 다양한 사람들과 공감, 협업하는 커뮤니케이션 능력이다.

앞으로 다가올 제4차 산업혁명 시대에는 우리의 일상생활이 IoT, 빅 데이터, 인공지능, 로봇 같은 컴퓨터, 기계들이 대폭적으로 증가하는 사회가 될 것이다. 이러한 사회에서 인공지능, 로봇, 컴퓨터, 기계 등과 커뮤니케이션 하는 능력은 인간이 갖추어야할 핵심적인 역량이 될 것이다.

이러한 측면에서 미래를 살아가야 할 학생들에게 로봇을 활용하는 수업은 언어능력의 학습뿐만 아니라 인공지능, 로봇과의 커뮤니케이션 능력을 기를 수 있다는 점에서 일석이조의 효과가 있다고 생각한다.

나오(NAO)는 19개국 언어를 자유자재로 구사

일본에서 다양한 로봇이 학교에서 활용되고 있는데, 대표적인 것이 휴머노이드 로봇 나오(NAO)이다. 로봇 나오는 사람과 같이 두 개의 다리를 하고 있으면서 걷고, 달리고, 춤추는 것도 가능하다. 양팔과 양손, 손가락도 사람과 같이 10개를 가지고 있다. 로봇 나오는 수업에서 25개 관절을 이용하여 자유롭게 움직이면서 수업을 진행하기 때문에 학생들의 관심과 집중을 유도할 수 있다는 장점이 있다.

나오는 일종의 로봇 컴퓨터이다. CPU는 쿼드코어, RAM은 4GB SSD

를 탑재하고 있다. 인터넷에 연결하고 블루투스, 와이파이 접속도 가능하다. 키 57.4㎝, 체중 5.4㎏이다. 언어는 아이폰에서 사용되는 음성인식 및 TTS(Text-to-speech) 소프트웨어를 탑재하고 있어서 영어, 한국어, 중국어, 일본어, 브라질어, 포르투갈어, 이탈리아어, 아랍어, 독일어, 프랑스, 네덜란드어, 스웨덴어, 스페인어, 체코어, 덴마크어, 터키어, 핀란드어, 폴란드어, 러시아어 등 19개국 언어를 알아듣고 말할 수 있다(Out-sourcing Technology Robotics, 2019).

나오는 사람처럼 말하고 듣고 보는 것이 자유롭다. 오디오로는 사람의 귀처럼 얼굴 양 옆에 두 개의 스피커가 설치되어 있다. 시각으로는 고성능 카메라가 전방에 두 개 설치되어 있다. 카메라에는 자동 줌 기능과 듀얼 스트림 기능이 가능하다. 두 대의 카메라를 통해서 주위 환경은 물론 학생들의 움직임을 고화상도 HD카메라로 파악할 수 있다. 머리 부분과 손에 음파센서를 내장하고 있어서 학생들의 움직임을 감지할 수 있다.

로봇은 다양한 제스처와 동작을 통해서 학생들에게 생동감 있게 수업을 진행할 수 있다. 물체나 모양을 인식하는 것도 가능하다. 적외선센서가 전방에 2개, 위치센서가 36개, 접촉센서가 가슴부위, 다리 머리 부분에 설치되었다. 그리고 양 손에 감각센서가 장착되어 있다. 그리고 물체에 대한 정보를 인식하는 장치(Sound navigation and ranging: SONAR)가 앞면에 두 개씩 탑재되어 있다. 사용하는 프로그램 언어는 비주얼형 코리그라피(Choregraphe)이다.

로봇이 팔, 다리 관절을 자유롭게 움직이는 정도를 나타내는 자유도(degree of freedom)는, 머리 부위는 2 자유도, 양팔은 5 자유도, 다리 5 자유도, 손 부위 1 자유도이다. 보통, 사람의 팔이 7 자유도라는 점을 고려하면 양팔은 상당히 자유롭게 움직일 수 있다는 이야기이다. 공장에서 일하는 로봇의 팔은 6 자유도 정도이다(YASKAWA NEWS, 2011).

로봇이 학생의 영어 실력이나 발음을 평가

현재 일본 학교에서 활용되는 나오는 인공지능 기능을 가지고 있지만, 무엇이든지 가능한 로봇은 아니다. 영어 수업과 관련해서는 사전에 교재를 작성, 저장하는 형태로 활용하고 있다. 초등학교 수업에서 활용하는 교재의 내용을 사전에 입력 또는 저장하여 활용하는 것이다. 물론 교재의 내용뿐만 아니라 다양한 학습내용을 저장해두면 로봇이 인식한다. 즉 다양한 상황에서 사용되는 대화 내용을 로봇에게 학습시키면 저장된 내용을 토대로 학생들과 자유로운 대화도 가능하다는 것이다.

로봇은 학생들이 말하는 발음이 실제로 미국이나 영국에서 말하는 경우와 다를 때에는 학생에게 교정해주기도 한다. 그리고 학생들과 영어 대화나 퀴즈 등을 통해서 학생의 영어 실력을 평가해주기도 한다. 로봇이 학생과 대화하면서 정확하게 한 번에 대답하거나 문제를 정확하게 이해하고 적절한 정답을 제시한 경우에는 칭찬하는 말도 잊지 않는다.

로봇과 함께 영어를 배우는 장점은 많다. 적은 비용으로 원어민 보조교사의 역할을 할 수 있다는 점은 무엇보다 큰 요인이다. 비용이 적게 들므로 원어민 교사가 있는 학교와 없는 학교 간 영어 수업의 격차를 줄일 수 있게 해준다는 것이다.

둘째, 휴머노이드 로봇은 원어민처럼 영어를 구사한다.

셋째, 학생들이 영어를 재미있게 그리고 쉽게 접할 수 있다는 점이다 (Out-Sourcing Technology Robotics, 2019). 예를 들면 학교에서 선생님과 영어로 대화할 때, 자신감이 없는 학생들은 적극적으로 대화에 참여하기가 어렵지만, 로봇과는 쑥스러워할 필요가 없기 때문에 학생들이 적극적으로 수업에 참여한다는 것이다. 그리고 수업이 종료된 이후에도 학생이 혼자서 로봇과 마주 앉아서 스스로 대화하면서 공부할 수 있다는 점이다. 발음문제도 로봇의 발음을 반복해서 들으면서 교정해갈 수 있다.

넷째, 휴머노이드 로봇 학습의 장점은 무엇보다도 다양한 동작과 설명으로 학생들의 관심을 끌어 수업 시간에 집중도를 높일 수 있다는 점이

초등학교 수업 모습

다. 실제로 수업시간에 로봇은 태극권 시범을 보여주기도 하고, 일본의 유명한 아이돌 그룹 AKB48의 "포츈쿠키(fortune cookie)" 노래와 안무를 보여주기도 한다. 마이클 잭슨의 "스릴러(Thriller)", SMAP의 "세상에 하나뿐인 꽃", 싸이의 "강남스타일" 등도 가능하다. 이러한 형태의 수업은 영어를 딱딱한 외국어가 아니라 놀이, 활동, 엔터테인먼트 형태로 자연스럽게 배우게 할 수 있다는 장점이 있다.

수업에서 로봇 활용은 다양한 형태로 학생들과 교감, 소통하면서 관심을 집중시키고 영어를 학습할 수 있다는 장점이 있다.

그러나 현재 영어 수업에서 활용되는 로봇은 고도의 인공지능 기능을 가지고 있지 못하다는 점에서 한계가 적지 않다. 수업 교재와 관련하여 사전에 로봇에게 저장, 학습시키는 것이 가능하다. 그러나 교과서 또는 저장한 대화, 인터넷을 통한 검색, 제공하는 내용 외의 것에 대해서는 대화나 학습이 불가능하다. 즉 일상적이고 기본적인 상황에 대한 대화는 가능하지만 지적 욕구가 왕성한 학생들의 자유로운 질문이나 대화에 전부 답하고 말하는 것은 불가능하다.

또한 로봇은 수업하는 과정에서 학생들이 동시에 질문을 하거나 시끄러운 교실이거나 하면 음성인식센서의 한계로 학생들이 질문하는 목소리를 제대로 인식하지 못할 때가 있다. 이러한 문제는 기술적인 문제이므로 인공지능(AI) 기술이 발전하게 된다면 멀지 않은 시기에 해결할 수 있을 것이다.

프로그래밍 수업에 로봇 활용

논리적 사고, 문제해결능력을 키우는 것이 프로그래밍 교육의 목적

2020년부터 초등학교에서 실시하는 프로그래밍 교육의 목표는 논리적 사고, 문제해결능력 등 프로그램적 사고를 키우는 것이다. 프로그래밍 교육은 프로그램적 사고를 활용하여, 즉 ICT, AI를 활용하여 제4차 산업혁명 사회가 가져올 다양한 문제들을 파악하고, 해결하는 능력을 키우는 데 있다고 볼 수 있다. 그리고 컴퓨터가 가지는 유용성을 배우는 데 초점이 맞춰진다. 동시에 다양한 컴퓨터 기술을 주체적으로 활용하는 태도를 학습한다(일본 문부과학성, 2018).

현재 초등학교에서 실시하는 프로그래밍 교육은 초고도 정보화 사회가 컴퓨터, ICT, AI 등 같은 기술로 구성되어 있음을 이해시키는 데 초점이 맞춰진다. 동시에 컴퓨터 기술을 잘 활용하면 우리의 일상생활에서 직면하는 다양한 문제들을 해결할 수 있으며, 보다 편리하고 좋은 세상을 만들 수 있다는 태도를 기르는 것에 맞추기도 한다.

이러한 목적에 비춰본다면 프로그래밍 교육은 논리적 사고, 문제해결 능력 그리고 컴퓨터 관련 기술의 유용성을 이해하는 데 초점이 맞춰진다. 좁은 의미에서 프로그래밍 언어를 습득하거나 프로그래밍 기능 자체를 학습하는 것은 아니다. 결국 프로그래밍 교육은 프로그래밍 교육에 대한 인식, 태도를 확장시키는 것에 초점이 맞춰져서 진행된다.

2020년부터 초등학교에서 실시되는 프로그래밍 교육은 단일 교과목으로 진행되는 것은 아니다. 앞에서 살펴본 영어 수업과 같이 초등학교 5학년, 6학년 학생들이 일주일에 2회 영어 과목을 학습하는 형태와는 다르다. 이러한 상황에 따라 프로그래밍 교육은 창체 활동 같은 활동 중심으로 진행된다. 동시에 수학, 국어, 사회 등 다른 교과목과 연계하여 실시한다. 결국 프로그래밍 교육은 기존의 교과목이 추구하는 본래의 목적 달성을 촉진하는 도구로 활용될 것이다.

'프로그램적 사고' = '정보 활용능력'이 핵심

프로그래밍 교육에서 가장 핵심적인 부분이 '프로그램적 사고'이다. '프로그램적 사고'는 '자신이 의도하는 활동이나 목표를 달성하기 위하여 어떠한 동작이 필요하고, 그러한 동작을 컴퓨터에게 작동시키기 위해서는 어떤 기호를, 어떤 방식으로 조합할 필요가 있는지를 논리적으로 생각하는 것'을 말한다(일본 문부과학성, 2016. 6).

'프로그램적 사고'를 기르는 학습은 대체로 다음과 같은 과정으로 이루어진다. ① 컴퓨터에게 어떤 동작을 시킬 것인가에 대한 자신의 의도를 명확하게 한다. ② 컴퓨터에게 어떤 동작을 어떤 순서로 시킬 것인가를 생각한다. 그리고 이를 ③ 하나하나의 동작에 해당하는 명령(기호)으로 바꾸는 작업, ④ 이러한 명령(기호)을 어떠한 형태로 배열, 조합하면 자신이 생각하는 동작이 실현될 것인가를 생각한다. ⑤ 명령(기호)의 배열이나 조합을 어떻게 개선하면 자신이 생각하는 동작에 더 가까워질 것인가를 시행착오를 반복하면서 생각한다. 이러한 과정을 거쳐서 이루어진다(일본 문부과학성, 2018). 이러한 '프로그램적 사고'는 궁극적으로 '정보 활용능력'을 키우는 데 목적이 있다고 해도 과언이 아니다.

'정보 활용능력'은 학습의 기반이 되는 자질이고 능력

그렇다면 '정보 활용능력'은 어떠한 능력으로 이해할 것인가? 일본에서 '정보 활용능력'은 전반적인 학습의 기반이 되는 자질이고 능력이라고 보고 있다. 이러한 '정보 활용능력'은 학습활동에 있어서 필요한 경우, 컴퓨터 같은 정보 수단을 적절하게 활용하여 정보를 얻거나 정리, 비교하거나, 발신 · 전달하거나, 저장, 공유하는 것이 가능한 능력을 의미한다. 동시에 이러한 학습활동에 필요한 정보수단의 기본적인 조작 기능, 프로그램적 사고, 정보윤리, 정보 시큐리티와 관련된 자질이나 능력을 포함한다.

그러므로 '정보 활용능력'을 기르기 위해서는 단순히 프로그램적 사고를 기르는 교육만으로는 불충분하다. 즉 정보의 수집 · 정리 · 비교 · 발신 · 전달하는 능력을 시작으로 정보윤리나 정보 수단의 기본적인 조작 기능 등을 통해서 프로그램적 사고를 기르는 것이 필요하다.

이러한 종합적인 틀 속에서 초등학교 프로그래밍 교육에서는 전문적인 지식이나 기능을 요구하는 것이 아니라 프로그래밍의 유용성, 논리적인 사고 같은 프로그램적 사고를 기르는 데 중점이 두어진다. 종합적인 '정보 활용능력'은 이후 중학교, 고등학교 과정에서 이루어지는 프로그래밍 교육을 통해서 완성하게 될 것이다.

학교에서는 코딩 전문가를 양성하는 것이 아니라 앞으로 다가올 제4차 산업혁명 시대를 살아가는 데 필요한 기본적인 역량을 배우는 것이다. 이렇게 프로그래밍 교육을 이해한다면 좀 더 재미있는 방식으로 프로그래밍을 접할 수 있을 것이다.

프로그래밍 수업 장면. 동경 시부야구에는 있는 히로오 초등학교 3학년
(Out-Sourcing Technology 홈페이지)

로봇을 움직이면서 '프로그램적 사고'를 학습

휴머노이드 로봇 나오와 함께하는 프로그래밍 수업은 우선, 학생들에게 프로그래밍과 로봇의 기본적인 원리를 설명한다. 그러고 나서 학생들을 몇 명씩 그룹으로 나눈 다음, 그룹별로 만들고 싶은 동작이나 움직임을 창안하도록 한다. 태권도의 동작, 체조, 아이돌 그룹의 댄스, 달리기 시합 등도 가능하다.

초등학교에서 주로 사용하는 프로그래밍 소프트웨어는 비쥬얼형 프로그래밍 언어이다. 비쥬얼형 프로그래밍 언어는 각 동작이 아이콘, 블록, 또는 그림 형식으로 되어 있어서 초등학생들에게도 어렵지 않다. 개별 동작 그림을 가져와서(drag-and-drop) 순서대로 배열하고 상호 연결하면 동작이 진행된다. 그리고 학생들이 선택한 동작이 맞는지 틀린지를 화면을 통해서 3D 형식으로 확인하는 것도 가능하다. 그야말로 학생들이 게임하는 형식으로 프로그래밍 수업에 참여할 수 있다.

일본에서는 학교에서 진행하는 프로그래밍 교육을 지원하기 위하여 다양한 소프트웨어들이 제공되고 있다. 우선 비주얼형 프로그래밍 언어로는 'Programin(문부과학성, 무상)', 'Scratch(MIT Media Labo, 무상)', 'Hour of Code(Code.org, 무상)', 'Viscuit(Digital Pocket, 무상)', 'Proguru(민나노코드, 무상)', TV 프로그램형 Scratch 'Why!? Programming' NHK for school(NHK, 무상)' 기판형 소프트웨어로는 'micro:bit(Switch Education, 유상)' 'Raspberry Pi(RS Conponent, 유상)' 'Artec Robo(Artec, 유상)' 'REGO Mind Storm(Afrel, 유상)', 'LEGO WeDo 2.0(Afrel, 유상)' 'Minecraft EE(Japan MicroSoft, 유상)' 등이다.

학생들은 프로그래밍 수업을 통해서 로봇이 움직이는 원리를 이해하고 성취감을 느낄 수 있는 기회가 되기도 한다. 예를 들면 학생들이 어떤

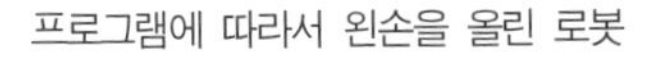

프로그램에 따라서 왼손을 올린 로봇

프로그램에 따라서 양손을 올린 로봇

동작을 연결하여 로봇에게 춤추게 하거나 일정 거리를 이동시키는 것이 가능하다. 이러한 과정을 통해서 프로그램이 로봇을 움직이는 원리라는 것을 학습한다. 그리고 춤추는 동작 하나하나 순서를 고안하면서 논리적인 사고를 경험하게 된다.

이러한 성취감과 학습과정 속에서 '프로그램적 사고'와 '정보 활용능력'의 유용성을 경험하게 된다. 학생들은 프로그래밍 수업에서 명령이나 기호가 로봇을 움직일 수 있다는 원리를 이해한다. 그리고 명령, 기호를

유치원에서 원생들과 함께 수업하는 로봇 나오

서강대학교에서 영어로 강의하고 질문을 받고 있는 로봇 나오

어떤 형태로 배열, 조합하면 자신이 생각하는 동작이 실현된다는 점도 학습한다. 만약 원하는 동작이 제대로 이루어지지 않은 경우, 명령, 기호의 배열이나 조합을 어떻게 바꾸면 자신이 생각하는 동작에 보다 가까워질 것인가를 시행착오 속에서 학습한다.

로봇이나 컴퓨터의 작동원리에 대한 이해는 이러한 기계들과 소통하는 커뮤니케이션 능력을 길러주는 데도 기여할 것이다. 예를 들어 휴머노이드 로봇 나오는 자기와 눈이 마주치는 사람의 음성이나 동작을 인식한다. 눈이 마주치면 로봇의 눈이 파란색으로 변하게 되는데 이때부터 음성이나 동작을 인식하기 시작한다. 결국 이러한 상호 커뮤니케이션 방법에 대한 이해는 앞으로 다가올 제4차 산업혁명 시대에서 매우 중요한 역량이 될 것이다.

현재 한국에서도 휴머노이드 로봇 나오는 시판되고 있다. 대학에서 연구용 로봇으로 활용되고 있다. 그리고 고등학교에서도 관련 학과 학생들이 다양한 형태로 활용하고 있다.

11장

암 치료, AI에게 맡겨도 될까

— AI가 암을 진단하고 치료하는 시대

2019년 3월 8일, 일본의 올림푸스는 의료용 인공지능(AI)인 '엔도 브레인(Endo BRAIN)'을 발매했다. 이 의료용 AI는 대장 내시경 검사 중에 실시간으로 암인지 아닌지를 판단하는 프로그램이다. 일본 최초로 내시경 분야에서 의약품의료기기법의 승인을 받은 AI 기기이다. 일본 의약품의료기기법에서는 개발회사가 의약품이나 의료기기를 제조, 판매하려고 하는 경우 정부 부처인 후생노동성에 승인을 신청하도록 규정하고 있다. 우리나라도 마찬가지지만, 의약품이나 의료기기와 관련해서는 허가 제도를 규정하고 있다. 그러므로 일본에서 의료용 AI는 법률상으로 후생노동성의 승인을 받아서 판매하고 있다. 하지만 의료용 AI에 대한 유효성, 안전성 심사는 '의료품의료기종합기구(PMDA)'가 담당한다.

올림푸스가 일본 정부의 승인을 얻어서 판매하는 의료용 AI는 엄밀한 의미에서 의료용 기기가 아니다. 엔도 브레인은 일종의 소프트웨어, 프로그램이다. 즉 대장내시경 중에 촬영하는 영상으로 대장암인지 아닌지를 판별하는 프로그램이다. 엔도 브레인은 정보시스템 기업인 사이버넷

시스템, 쇼와대학 요코하마시립 북부병원, 나고야대학교가 공동으로 개발하였다. 2018년 12월 6일에 의약품의료기기법에 따라 제조판매 승인을 받았다(NIKKEI Business, 2019.3.9).

의료용 AI는 프로그램이므로 2018년에 올림푸스가 개발한 대장용초고도확대내시경 '엔도사이토(Endocyto)'와 함께 사용한다. 엔도사이토는 최대 520배 광학 확대기능을 가지고 있다. 동시에 내시경 비디오스쿱(Video Scope System)인 'EVIS LUSERA ELITE'와 함께 사용하는 인공지능 프로그램이다. 내장 내시경이 진행되는 동안 엔도사이토가 촬영한 사진이나 동영상을 보고 사진에 비치는 폴립이 종양성(초기 암 또는 암으로 발전하기 이전단계 병변으로 절단할 필요가 있는 폴립)인지 비종양성(종양이 아니어서 절단할 필요가 없는 폴립)인지 자동으로 판별하는 프로그램이다.

의료용 AI인 엔도 브레인 (출처: Olympus 홈페이지)

판별 결과는 각 종양별로 수치로 표시하여 의사의 판단을 지원한다. 판별 방법은 협대역광관찰(NBI)* 방법과 염색관찰** 방법 두 가지 모드로 관찰할 수 있다.

대장 내시경 AI는 머신러닝으로 학습

대장 내시경 AI 프로그램은 협대역광관찰 방법과 염색관찰 방법 모두 사용가능하다. 협대역광관찰 방법에서는 혈관 모양으로 판단한다. 그리고 염색 관찰방법에서는 내시경 과정에서 촬영한 세포핵의 사진으로 종양, 비종양의 가능성을 수치로 표시해준다. 결국 이 두 가지 방법을 모두 사용하면 폴립을 구별하는 정확도가 높아지게 된다.

엔도브레인은 일본 여러 시설에서 실시된 성능평가에서 '정확도(과거 질환이 있는 환자 중에서 검사로 양성으로 진단된 사람의 비율) 96.9%, 정진율(正診率: 질환이 있는 환자, 또는 질환이 없는 환자 중, 검사로 정확하게 양성, 음성으로 진단된 사람의 비율) 98%'로 평가되었다. 또한 '비전문의 NBI 관찰 70%, 염색체 관찰 69%'라는 높은 평가를 받았다. 이러한 평가 결과는 '숙련 의사에 필적하거나 그 이상의 정확도'라고 한다(NIKKEI Business, 2019.3.6).

엔도브레인은 기계학습 방법의 하나인 SVM(Support Vector Machine) 방법***을 사용하고 있다. 제조판매승인을 획득하는 과정에서 6만 9,142

* 협대역광관찰(NBI: Narrow Band Imaging): 혈액 속 헤모글로빈에 흡수되기 쉬운 두 가지 협대역 광선을 쏘아 점막 표면의 미세한 혈관이나 그 모양이 강조되는 형태로 표시, 관찰하는 방법
** 염색관찰 방법: 색소를 점막 면에 칠해 염색하는 형태로 점막 표면의 돌출 형태나 색조의 변화 등을 관찰하는 방법

건의 사진, 화상데이터를 사용하여 학습시켰다고 한다. 이후에도 학습데이터를 추가하여 2019년 2월 21일까지 9만 6,670건으로 늘었다. 2019년 3월 이후, 일본의 독립행정법인 의료품의료기기종합기구(PMDA)에 일부 변경을 신청하여 활용되고 있다.

대장 내시경 인공지능 프로그램은 개발과정에서 쇼와대학 요코하마시립 북부병원 등 5개 시설에서 보유하고 있는 약 10만 장 정도 검사 사진과 병리결과를 하나의 세트로 학습시켰다. 내시경 전문의가 종양인가 아닌가를 하나하나 판단하여 그 결과를 AI에게 학습시키는 방식으로 진행되었다. 예를 들어서 과거 환자의 사진과 병리 검사 결과가 종양이면 종양으로 AI에게 학습시킨다. 반대로 비종양인 경우에는 비종양으로 분류하여 학습시킨다. 이러한 학습과정을 반복한 결과, 실시간으로 이 두 가지를 구별하는 인공지능 시스템이 만들어졌다(Digitalist, 2018.8.30).

그리고 동시에 종양과 비종양 간에는 천공 패턴, 혈관 모양, 세포핵의 크기가 다른 점을 이용하여 312개 지표를 추가한다. AI는 이 지표에 따라서 종양인 확률을 통계적으로 산출하도록 학습하였다. 예를 들어 세포의 핵이 정상인 경우 작아서 잘 안 보이는데 반하여, 종양인 경우는 형태가 변형되고 크게 보인다. 이러한 특징을 인공지능(AI)에게 학습시켜서 의사와 손색이 없을 정도의 정확도로 식별이 가능하게 되었다고 한다(齋藤豊, 2019).

또한 종양인지 아닌지 식별하는 과정에서 폴립의 울퉁불퉁한 정도, 매끄러운 정도와 같은 사진의 질감을 측정하는 텍스처(Texture) 해석도

*** 이 방법은 인공지능(AI)의 분류, 회귀분석 두 방법에서 이용 가능한 교사가 있는 학습이다. 이 방법은 로지스틱 회귀분석이라는 통계분석 방법보다 식별 능력이 높아서 인기 있는 알고리즘의 하나이다.

병행하여 실시한다.

일본에서 대장암은 환자 수에서는 제일 많은 암이다. 그리고 암 사망률에서는 두 번째를 차지할 정도로 많이 발생하는 암이다. 병원에서 내장 내시경으로 종양성 폴립의 조기 발견하고 암 병변을 절단하는 방법은 대장암 발병률을 줄이는 데 기여한다. 물론 대장암으로 인한 사망률을 줄이는 데도 기여한다.

폴립은 종양성 폴립과 비종양성 폴립으로 구별된다. 그러므로 의사가 검사 중에 이 두 종류의 폴립을 구별하는 노하우는 매우 중요하다. 현재까지 일본의 경우, 이 두 종류를 정확하게 구별하는 정진율(正診率)이

병원의 접수창구 모습

70% 정도에 머물러 있다. 그러므로 나머지 30% 문제 때문에 실제로 양성 종양으로 판단한 폴립이 대장암으로 발전하는 경우도 있다. 결국 이번에 개발된 엔도브레인은 이 30% 해당하는 오진율을 낮추는 데 기여하게 될 것이다.

이 외에도 일본에서는 후지필름이 2018년 동경대학교 AI 벤처회사 '엘픽셀'과 제휴하여 소화기내시경 관찰로 병에 걸린 부위를 진단하는 AI 기술을 개발하였다. 그리고 캐논 메디컬스시템은 AI 기술로 컴퓨터단층촬영장치(CT)를 개발했는데 방사선 피폭 양을 줄이는 데 성공하였다. 즉 기존보다 방사선 피폭 양이 적으면서도 고정밀 화상을 촬영하는 AI 기계가 만들어진 것이다. 히타치제작소에서는 폐암의 CT 화상진료시스템을 개발하고 있다.

IBM 왓슨으로 암 유전자 해석도 진행

2016년 여름, 동경대학교 의과대학연구소에서 획기적인 진료가 이루어져 언론에 대대적으로 보도되었다. 이 연구소에서는 60대 여성의 특이 백혈병 증세를 진찰 개시 10분 만에 발견하였다. 여성 환자의 증세를 발견한 것은 약 2,000만 건에 해당하는 의학논문을 학습한 인공지능 '왓슨'이다. 왓슨은 학습한 내용을 토대로 담당 주치의에게 적절한 치료방법을 추천하였고 의사는 치료를 진행하였다. 그 결과 여성 환자는 완치되었다(DiGiTalist 2018.9.6).

동경대학교 의과대학연구소는 치료에 난항을 거듭하고 있는 급성골수성 백혈병 환자의 유전자 정보를 해석한 결과, 이 환자의 경우 통상의 급성골수성 백혈병과는 다른 특수한 타입의 백혈병일 가능성이 제기되었다. 의료진은 이러한 지적에 따라서 치료방법을 변경한 결과, 순조롭게 회복할 수 있었다고 한다.

인공지능 왓슨의 장점은 환자의 질환 정보를 입력하면 자신이 학습한 방대한 의학논문 중에서 환자의 사례와 관련된 문헌을 순식간에 검색, 추출하는 것이 가능하다는 점이다. 의학 관련 논문은 하루에도 수만 건이 발표된다. 이렇게 많은 논문을 왓슨은 자기 나름대로 해석하여, 관련된 데이터베이스에 보관한다. 그리고 이러한 정보는 필요에 따라서 적절하게 활용한다. 담당의사가 최적의 치료방법을 결정할 수 있도록 지원하는 것이다.

여기서 우리가 주목할 대목은 2,000만 건이라는 숫자이다. 2,000만 건은 엄청나게 방대한 분량의 내용이다. 인간이 이렇게 많은 양의 논문을 학습하기 위해서는 아마 평생이 걸릴 정도이다. 그러나 인공지능은 텍스트 인식기술을 활용하여 그리 오랜 시간을 소요하지 않는다.

인공지능이 인간과 다른 점은 하드웨어 용량을 무한대로 확장만 해준다면 20억 건 이상의 데이터도 학습하게 될 것이다. 인간의 경우, 오래전에 학습한 내용은 잊어버리기도 하지만 인공지능은 학습하는 양이 많아지면 많아질수록 더 현명해진다.

앞에서 소개한 올림푸스의 대장암 판별 인공지능도 개발과정에서 10만 건의 대장암 관련 사진을 학습시켰다. 발매 단계에 10만 건에서 시작하였지만, 판별하는 과정을 반복해가면서 더 많은 사진이나 병변을 학습하게 되면 판정의 정확도는 높아질 것이다.

무한대의 데이터 학습으로 환자를 파악

최근 인공지능 붐은 딥 러닝 기술의 등장으로 가속도가 붙고 있다. 딥 러닝은 빅데이터와 연계하면서 대량의 데이터를 인식, 해석하는 과정 속에서 더 급격하게 발전하고 있다. 초기 단계에는 학교에서 선생님이 학생에게 하나하나 가르쳐 주는 방식으로 학습이 이루어졌지만, 이제는 인공지능 스스로가 학습하는 단계로 접어들었다. 즉 인간의 지시나 가르침 없이도 인공지능 스스로가 학습하면서 보다 현명해지고 있다. 2016년 이세돌과 대결한 알파고를 기억하면 쉽게 알 수 있다.

딥 러닝 기술의 등장에 따라 의료 분야에서도 다양한 인공지능들이 개발되고 있다. 의료 분야에서 인공지능이 발전할 수 있게 된 배경에는 병원이 보유한 방대한 영상 데이터이다. CT, MRI 자료들을 디지털데이터로 보유하고 있고, 이를 인공지능에게 학습시키게 된 것이다.

인공지능은 학습할 데이터만 제공하면 24시간 365일 쉼 없이 엄청나게 많은 양의 정보처리를 스스로 진행할 수 있다. 그러므로 적절한 데이터, 적절한 방법으로 스스로 학습하여 대장암을 판별하는 수준에 오르게 되는 것이다.

그러나 우리가 인공지능을 이해할 때 오해하기 쉬운 점이 바로 "만능의 능력"을 가질 수 있다고 생각하는 점이다. 적어도 현재 단계에서는 올림푸스의 인공지능 엔도브레인은 대장암에 대해서만 전문가이다. 앞에서 소개한 동경대학교 연구소가 개발한 인공지능은 백혈병에 대해서만 전문가라는 점이다. 즉 특화된 특정 분야에 대해서만 학습하고 잘 안다는 것이다.

마찬가지로 이세돌을 이긴 알파고는 바둑만 잘 두지, 병원에서 암을 진단하지는 못한다. 알파고의 경우, 좀 더 한정해서 말한다면 바둑에서 상대방이 둔 한 수에 대해서 무엇이 자신이 둘 수 있는 최상의 한 수인지를 인식, 판단하는 시스템에 불과하다.

병원에서는 내시경처럼 화상으로 판별하는 분야에서 인공지능이 능력을 발휘하고 있다.

최근에는 텍스트 인식기술이 발전하면서 정신과에서도 인공지능이 활용되고 있다.

정신과 진료는 거의 대부분 텍스트 형태이다. 환자와 상담한 내용이 자유기술 형태로 기록된다. 상담내용의 기록방법이나 증상에 대한 표현방법도 의사마다 달라서 과거의 기록이나 경험을 활용하기가 쉽지 않다고 한다. 그러므로 사람이 과거의 진료기록을 학습하고 경험을 축적하는 데는 오랜 시간이 필요하다.

이러한 문제를 해결하기 위하여 인공지능이 활용되고 있다. 특히, 최근 자연언어처리 기술 등 텍스트 인식기술이 발전하게 되면서 AI의 활용성이 높아진 것이다. 스페인의 마드리드에 소재한 '선 카를로스 의학연구소(HCSC)'와 일본의 후지츠가 공동으로 '정신과 의사의 신속한 진단을 지원하는 인공지능 시스템(Advanced Clinical Research Information System)'을 개발하였다.

AI 닥터와 인간이 공존하는 미래

2018년 11월 13일자 〈뉴스위크〉 일본어판은 "AI 의료" 특집을 게재하였다. AI가 환자와 협력하면서 학습을 진행하고, 이를 바탕으로 AI가

의료지식을 축적하는 사례를 소개하였다. 의료 분야에서 AI 활용이 의료비를 줄이고 병원에서 기다리는 시간을 단축하게 될 것으로 전망하였다.

〈뉴스위크〉는 "AI 닥터와 인간이 공존하는 미래"라는 제목으로 영국의 벤처기업이 개발한 AI 의료 사례를 소개했다. 영국의 '바빌론 헬스(Babylon Health)'는 스마트폰으로 세계 어디에서나 간단하게 진료 받을 수 있는 어플 'AI 닥터'를 개발하였다. 이 AI 의료 어플은 AI 탑재형 챗봇(Chatbot; chat+robot) 형태이다. 이용자가 자신의 증상을 입력, 전달하면 AI가 증상을 바로 분석하여 적절한 의료진단을 하고 있다. 진단결과에 따라서는 재택근무 중인 의사에게 영상으로 상담을 연결해주고, 경우에 따라서는 병원에 예약까지 해주는 어플이다.

이 어플은 영국, 아일랜드, 르완다 등을 중심으로 100만 회 정도가 다운로드 되어 이용하고 있다. 특히, 영국에서는 국민건강보험(NHS) 지원하에 25만 명 정도가 이용하고 있다.

AI 닥터는 세계적으로 의사가 부족한 지역에서 유용한 의료수단으로 활용될 것으로 보인다. 실제 이 회사가 개발한 AI 닥터는 의료 테스트에서도 상당히 높은 성적을 거둔 것으로 나타났다. 영국에서 시행되는 2018년 MRCG 테스트*에서 81%라는 스코어를 나타냈다(뉴스위크, 2018년 11월 13일자). 이 점수는 과거 5년간 인간 의사의 평균스코어가 72%에 해당한다는 사실을 고려하면 매우 높은 점수로 평가할 수 있다.

이러한 AI 닥터의 개발, 보급은 AI 의료의 시작이라고 볼 수 있다. 그렇지만 AI 의료는 어디까지나 의사의 진단이나 치료방법을 지원하는 역할에 그치고 있다. 실제로 소변검사, 혈액 검사 등은 AI 닥터로는 불가

* MRCG 테스트: 연수 중인 일반 개업의사가 응시하는 시험. 이 시험에 합격하면 독립하여 개업하는 데 충분한 능력과 임상기능이 있는 것으로 인정받는다.

능하다. 현재의 AI 의료의 발전 속도를 고려하면 가까운 시일 안에 인간의 능력을 능가하는 분야도 탄생하게 될 것이다.

막대한 데이터를 AI에게 관찰, 분석시켜 그 결과를 가지고 인간이 병의 상태나 치료방법을 결정하는 것은 현명한 방법이라고 생각한다. 즉 의료에 대한 기본적인 결정은 의사가 판단하고 실행하지만, AI는 이러한 의사의 결정을 지원하는 수단으로 활용하는 것이다. 이러한 측면에서 AI는 현재 인간사회가 직면한 문제해결을 위한 "최적의 수단", "최고의 도구"로 활용되고 있다.

병원에서 혈액을 운반하는 로봇

요즘 식당에 가면 로봇이 음식을 서빙해주는 곳이 많다. 음식점 예약을 인공지능 로봇이 맡아서 하기도 한다. 인공지능 로봇은 음식점이나 편의점에서만 이용되고 있는 것이 아니다. 홀로 살고 계시는 할아버지에게 약 드시는 시간을 알려주는 역할도 로봇이 한다. 이렇게 로봇의 역할이 점차 확대되고 있다.

최근 병원에서도 로봇이 혈액이나 진료기록 등을 운반하기 위하여 도입이 진행되고 있다. 일본 성마리안나 의과대학병원에서는 의료 종사자들의 업무 부담을 덜어주고 효율화를 위하여 배달로봇 릴레이를 도입하였다. 이 병원에서 도입한 AI 로봇은 커피를 배달하는 카페에서 활용하는 로봇과 동일한 로봇이다. 이 로봇은 일본에서 이미 여러 곳에서 도입하여 활용하고 있다. 특히, 호텔 업계에서 활용이 늘어나고 있다.

성마리안나 의과대학병원에서 AI 로봇은 혈액검사를 위한 검체 운반과 약제 운반을 담당하고 있다. AI 로봇을 이용하는 또 하나의 목적은 입원 환자, 외래 환자를 포함하여 병원 이용자들에게 보다 나은 서비스를 제공하기 위해서이다. 대학병원 같은 대규모 병원에서는 약제를 운반하는 업무가 하루에도 수백 건 이상이다. 이를 담당하는 별도의 전문직원이 있을 정도이다. 이 병원에는 일과 시간에 전문직원이 13명 정도 근무한다. 야간에는 2명 정도로 줄어들기는 하지만, 꽤 많은 직원이 전담하고 있다. 특히 저녁시간에는 근무하는 직원이 2명밖에 없어서 바쁠 때에는 간호사도 투입한다. 결국 간호사들은 본래의 업무 외에 약제 운반 업무도 해야 하는 상황이다.

성마리안나 의과대학병원은 병원 리뉴얼을 계획하고 있는데, 향후에는 AI 로봇이 일정 업무를 담당하는 병원을 계획하고 있다. AI 로봇에 착목하는 이유는 병원 내 업무 효율화이다. 병원이 점점 규모가 커지고 별관 건물이 만들어지면서 약제나 검체를 운반하는 거리도 멀어졌다. 더구나 약제나 검체, 항암제를 운반할 때 남겨야 하는 기록업무는 효율화를 위한 최우선 과제로 보고 있다(Nikkei X TECH, 2019). 병원 약제실에서 간호사들이 근무하는 간호사실(Nurse Station)까지 약제를 운반하는 경우 누가, 언제, 어떤 약을 누구에게 전달했는지 기록을 남기는 데 꽤 많은 시간이 소비된다고 한다.

그러나 AI 로봇을 활용하면 이 기록업무가 자동화된다. 직원의 RFID 카드인증(신분증)을 사용하면 누가 보냈고, 누가 받았는지도 자동으로 기록된다. 보내는 물건에 대해서도 화상데이터 또는 다른 형태로 인식하는 것은 어렵지 않다.

이 병원에서 AI 로봇을 도입하여 업무 효율화를 추구하는 것을 다른 측면에서 본다면 더 질 높은 의료 서비스를 제공하려는 의도로 연결된

로봇에게 약을 싣고 있는 모습 (출처: NIKKEI Digital Health, 2019.1.10)

다. 현재와 같이 간호사, 약제사 등 의료 종사자들이 본래의 업무 외에 다른 업무, 특히 운반 물품의 기록업무 같은 것에 시간과 에너지를 지나치게 많이 투여한다면 정작 의료 서비스에 투자하는 시간이 줄어들기 때문이다(NIKKEI Digital Health, 2018). 결국 업무의 효율화를 통해서 의료 행위에 집중할 수 있도록 '일하는 방식'을 개혁하는 작업이 필요하다.

AI 로봇은 높이 92㎝, 무게 40㎏으로 1초당 0.7㎧ 속도로 이동한다. 로봇에는 사람이나 물건 등을 인지하는 센서가 내장되어 있다. 3D 카메라도 내장되어 있다. 1회에 배달하는 무게는 4.5㎏ 정도이다. AI 로봇은 복도에서 이동은 물론 혼자서 엘리베이터를 타고 내리는 것도 가능하다. 본관 약제실에서 본관 내부는 물론 별관에도 연결통로와 엘리베이터를 타고 이동해서 간호사들이 일하는 간호사실까지 약제를 운반한다. 엘리베이터를 타기 위해서 통신으로 해당 층으로 부르는 것도 가능하다.

AI 로봇에는 병원 내부의 지도 정보가 입력되어 있으며 복도나 건물 내부에 설치되어 있는 다양한 센서들과 정보를 주고받으며 이동한다. 목적지에 도달하면 간호사실에 전화를 걸어 도착했음을 알려준다.

병원에 항암제나 약제, 검체 등을 운반하는 역할을 담당하는 AI 로봇을 도입할 때, 고려해야 할 사항이 환자들의 반응이다.

로봇이라는 생소한 기계와 접하게 될 때 환자 중에는 로봇에 대해서 두려움이나 불안감을 갖는 분도 있을 수 있다. 4차 산업혁명 시대로 접어들면서 인공지능이나 로봇이 '실험실'에서 나와 '일상생활' 속으로 들어 왔을 때, 사회적 '수용성 문제'는 매우 중요한 사안이다. 앞으로 인공지능이 사회 구석구석으로 스며들게 되어 일상적 AI, 라이프스타일로 함께 생활하는 인공지능이 되기 위해서는 우리의 수용성 문제가 매우 중요하다. 어떻게 하면 자연스럽게 로봇을 받아들이고 일상 속에서 공생할 수 있을까 하는 문제에 대해서 우리는 각자 답을 가지고 있어야 할 것이다.

특히 환자들이 있는 병원이라는 특수한 장소에서는 더욱 중요한 문제이다. 더구나 복도처럼 넓은 공간이 아니라 엘리베이터 같은 공간에서 함께 탑승하였을 때 느끼는 심리적인 문제는 여러 가지 측면에서 고려해야 한다.

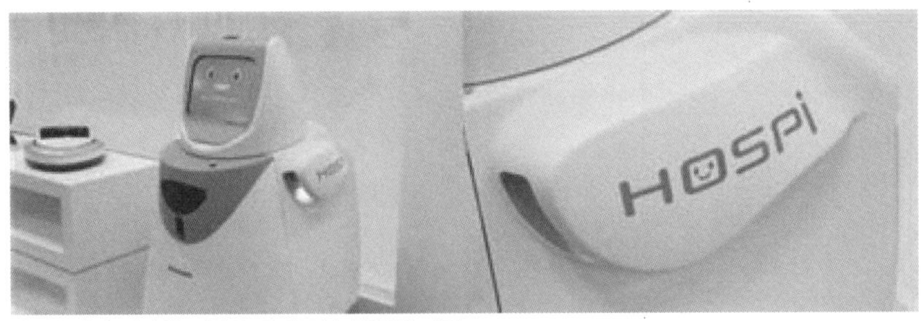

파나소닉이 개발한 병원용 운반로봇 HOSPi 사진

제4부

인공지능 이동 서비스

12장

자율주행 자동차가 제공하는 새로운 서비스
— 이동편의점, 이동무인점포

늘어나는 자율주행 자동차 운행 사례

일본 동경과 나고야 지역에서는 2016년부터 AI 택시가 운행되고 있다. AI 택시는 자율주행 자동차는 아니지만 인공지능이 지원하는 시스템을 장착하고 있다. AI 택시는 지역의 인구통계 데이터, 과거 13년간 승하차 데이터, 택시 운행 데이터, 날씨, 건물 데이터(POI), 통신회사[NTT Dokomo] 단말기 데이터, 전파 데이터 등을 활용하여 운행하고 있다. 현재 운행되는 AI 택시는 각종 데이터로 손님이 있는 곳을 예상하고 그곳으로 안내하는 시스템이다. AI 택시가 손님을 태우는 적중률은 95%로 알려져 있으며, 택시가 부담하는 월 이용료는 1대당 900엔(약 10,000원)이다(Nikkei X Trend, 2018.9.28).

AI 택시의 도입 목적은 일차적으로 일본 사회가 직면한 택시기사 부족 현상을 해결하고자 함이다. 그리고 궁극적으로는 700만 명에 이르는 고령자들의 이동 문제를 해결하는 수단으로 활용하는 것이다. 현재는 기존 택시에 AI를 탑재하는 형태이지만 현행 기술은 이동예측기술을 발전시키는 계기가 될 것이다. 특히 고령자의 이동권 문제 해결과 관련해서 주목받고 있다.

일본에서는 자율주행 자동차 형태의 AI 택시도 운행되고 있다. 2020년 동경 올림픽과 패럴림픽을 앞두고, 2018년 9월부터 자율주행 택시의 주행시험이 이루어졌다. 2021년 올림픽 기간 중 운행하는 AI 택시는 자율주행 자동차 '레벨 3' 단계이다. 동경 중심지 롯폰기에서 오테마치 구간을 운행한다.

일본에서 자율주행 자동차 운행은 지방의 교통문제를 해결하는 수단으로 인식하고 있다. 특히 고령자가 많이 거주하는 지방에서는 자율주행차 관련 다양한 주행시험이 실시되고 있다.

후지사와시에서는 자율주행차를 활용한 택배서비스가 운영 중이다. 스마트폰으로 주문한 택배를 무인자동차가 배달한다. 언제, 어디서나, 자유로운 시간, 장소에서 택배 수령이 가능하다. 농촌지역에서는 농사일로 집에 사람이 없는 경우가 많아서 택배 수령 문제가 지역적 과제로 등장하고 있는데 이러한 문제의 해결에도 기여할 것이다.

와지마시에서는 농촌 지역의 고령화로 인구가 감소하는 상황에서 교통 인프라 확보 수단으로 자율주행 자동차 운행을 시도하고 있다. 이 지역에서는 철도 운행이 폐지되고 버스 노선이 감소한 상황이다. 결국 지역민들이 이동수단으로 소형 카트 형태의 자율주행차를 시속 20㎞ 이하 저속으로 운행하고 있다. 기존 도로에 전자 유도선을 매립하여 운행한다. 이 외에도 일본 전국에서 2018년 기준으로 38개 자치단체에서 자율주행차 실험이 진행되고 있다(일본 국토교통성 자동차국, 2018). 자율주행

자율주행 자동차의 단계별 기술 내용

단 계	정 의
Level 0	운전자가 전부 조작/운전
Level 1 (운전지원)	책임은 운전자, 시스템은 전후, 좌우 방향 중 어느 한 쪽으로 차량을 제어
Level 2 (부분 자동운전)	책임은 운전자, 시스템은 전후, 좌우 방향 모든 방향으로 차량을 제어
Level 3 (조건부 자동운전)	일정 조건하에서 시스템이 전부 운전, 시스템이 요청하는 경우 운전자가 운전 (2020년 실현)
Level 4 (고도 운전자동화)	일정 조건하에서 시스템이 전적으로 운전 (2025년 실현)
Level 5 (완전 운전자동화)	모든 조건하에서 시스템이 전부 운전 (2030년 실현)

출처: NHTSA(미국 교통부 도로교통안전국)

자율주행 자동차의 단계별 조작 내용과 운전자 역할

단 계	단계별 구체적인 조작 내용과 운전자 역할
Level 0	충돌 경고, 졸음 경고, 속도 초과 경고
Level 1 (운전지원)	차간 거리 제어장치(ACC), 자동 브레이크, 차선 유지
Level 2 (부분 자동운전)	속도와 핸들조작 동시에 자동화, 운전자는 운전 상황을 감시하는 역할
Level 3 (조건부 자동운전)	속도와 핸들 자동화, 긴급 상황이나 돌발사태 발생시, 또는 시스템이 요청하는 경우 운전자가 운전 (운전자는 운전으로부터 해방, 감시 의무)
Level 4 (고도 운전자동화)	고속도로, 맑은 날씨 등 자동운전. 특정구간, 날씨, 시간대에 따라서 운전자가 운전
Level 5 (완전 운전자동화)	완전한 자동운전. 운전자 승차 필요 없음

출처: NHTSA(미국 교통부 도로교통안전국)

차의 이용 목적은 대체로 사고나 정체현상 감소, 고령자 이동권 확보, 유통 효율화, 그리고 관광대책 등이다.

'이지 라이드' 자율주행 자동차 서비스

2018년 3월 5일~18일까지 일본 요코하마에서 닛산자동차와 스마트폰 어플 회사인 디엔에이(DeNA)가 공동으로 '이지 라이드(Easy Ride)'라는 자율주행 자동차 서비스를 시험 운행하였다. 시험운행 기간에는 레벨 3 서비스를 제공하였고, 향후 레벨 4를 거쳐 2020년부터 레벨 5 서비스를 제공할 계획이다. 시범운행 기간 중에는 일반인이 모니터 요원으로 300팀 참여하였다. 시범운행이 실험용 전용도로가 아니라 일반도로에서 이루어졌고, 일반인이 모니터로 탑승하였다는 점에서 매우 앞선 시도라고 볼 수 있다. 시범운행은 요코하마 시내도로 4.5km 코스를 왕복 운행하는 형태로 이루어졌다.

이날 선보인 자율주행 자동차는 단지 무인으로 이동하는 것만이 아니라 이동 중에 이용할 수 있는 다양한 부가적인 서비스가 제공되었다. 이동 서비스의 최적화, 서비스 영역 확대, 지역 파트너 확대를 통하여 2020년부터 서비스가 제공된다.

닛산자동차의 이지 라이드 서비스는 자율주행과 라이드 쉐어(Ride Sharing)가 기본 컨셉이다. 목적지를 설정하여 자율주행 자동차가 이동하는 것뿐만 이동 중에 식사, 카페, 쇼핑, 문화 활동에 필요한 정보제공, 관련 무료 쿠폰 제공 등 다양하다.

닛산자동차의 자율주행 자동차

이동 중에 식사, 카페, 쇼핑, 문화 활동도 가능

시범운행 기간에 주행 루트, 주변 경관, 상점, 시설, 진행되는 이벤트 등 500건 정도의 정보를 제공했다. 그리고 주변 점포에서 이용할 수 있는 40개 종류의 쿠폰이 제공되었다. 차내에서 스마트폰이나 모니터를 통해 사전 주문이 가능하고, 실제로 가게에 도착해서 식사나 커피 서비스를 제공받는 것도 가능하다.

또 주행 중에 근처 레스토랑에서 식사를 예약할 수 있다. 레스토랑에서 식사를 하면 무료로 제공되는 쿠폰도 다운로드 받을 수 있다. 쿠폰으로 할인받는 것도 가능하다. 카페에 커피나 케이크를 주문할 수도 있다. 자율주행 자동차가 도착시간을 알려주기도 한다. 그러면 시간에 맞춰서

이지 라이드의 자율주행 중 서비스 내용

테이크아웃해서 자동차 안에서 마시면서 이동할 수 있다. 실제로 자율주행 자동차가 현실화된다면 우리가 어떤 형태로 이동하고, 이동 중에 어떤 서비스를 이용할 수 있는지 체험할 수 있다.

자율주행 자동차 서비스 제공은 닛산자동차가 지금까지 자동차라는 하드웨어를 판매하는 회사에서 앞으로는 '이동'이라는 인간 행위를 서비스 형태로 제공하는 회사로 변신하는 것을 의미한다. 자동차 업계가 컴퓨터프로그램, 스마트폰 어플, 플랫폼 중심으로 산업 패러다임이 변화하는 것을 의미하기도 한다(日本經濟新聞, 2018.12.10).

최근 자율주행차 기술은 자동차 회사별로 본격 연구되고 있다. 2017년 11월 구글은 미국 애리조나주 피닉스시에서 운전석에 운전자가 탑승하지 않는 자율주행 실험을 실시하였다. 구글의 시험주행에서도 일반인이 모니터로서 탑승하였다. 그리고 구글의 시험운행에서는 지정된 특정의 구간에서만 왕복 운행하는 것이 아니라 시내 전역에서 운행이 이뤄졌다는 점에서 일본의 실험운행보다 앞서 있다.

그러나 닛산의 실험운행은 유저들의 차내 서비스 체험, 지역사회와 연계한 새로운 비즈니스 모델이 제시되었다는 점에서 구글과 차별화된다. 닛산자동차의 이지 라이드 서비스는 외국인에게 다언어기능 제공, 학교에서 돌아오는 어린이 픽업 서비스, 고령자의 이동의 자유 보장 등 자율주행 자동차가 제공할 수 있는 장점을 보여주고 있다.

자율주행이 제공하는 이동편의점, 이동무인점포

자율주행 기술이 발달하면서 새로운 서비스들이 속속 등장하고 있다. 최근에 가장 주목 받고 있는 것이 "이동편의점", "이동무인점포" 등이다. 2018년 1월 'CES 2018'에서 도요타자동차는 무인전기자동차로서 이-팔레트(e-palette) 모델을 출시하였다. 이-팔레트는 이동하는 호텔, 라이드쉐어 자동차, 이동무인점포를 자유롭게 활용할 수 있다.

이-팔레트는 미국에서 마츠다, 아마존, 피자헛, 우버 등이 초기 파트너로서 참여한다. 일본에서는 택배전문회사인 야마토홀딩스와 편의점 전국 체인을 운영하는 세븐일레븐 재팬이 제휴하여 2021년 올림픽 및 패럴림픽 기간 중에 운영되었다.

"이동편의점", "이동무인점포" 서비스는 대부분 고령자가 거주하는 시골마을에서 쇼핑난민 문제 해결에 유효한 수단으로 거론되고 있다. 도시

지역에서도 마찬가지이다. 더구나 인터넷 쇼핑이 가지는 한계를 극복하고 실물을 보고 구입하거나 구입과 동시에 사용할 수 있다는 점에서 새로운 시장으로 주목받고 있다. 그리고 택배 배달에서 재배달이나 반복 배달 문제를 해결할 수 있는 수단으로도 주목받고 있다. 2017년 완전자율주행 자동차를 기본으로 무인이동 판매 점포를 운영하는 로보마트(Robomart)가 대표적이다.

로보마트는 진열공간이 2평방미터, 50~100 종류의 식품, 야채, 과일 등을 탑재하고 시속 40㎞, 연속주행거리 130㎞ 이동할 수 있다. 로보마트는 전용 어플로 검색하여 소비자가 자신이 있는 곳이나 특정 지점으로 부르는 것도 가능하다. 예약 주문도 가능하며 지불은 사전에 등록된 정보에 따라 자동으로 정산된다(자동운전 LAB, 2018.7.9).

유사한 모델로 스웨덴의 휘리스(Wheelys)가 개발하여 운영하고 있는 모비 마트(Moby Mart)가 있다. 모비 마트는 AI가 상품의 보충, 쇼핑 지원, 레시피 제공 등 다양한 서비스를 제공하고 있다. 중국 상해에서도 손바닥 인증을 활용한 자율주행 자동차 이동편의점이 실험운행 중이다.

무인 자율주행 자동차가 쇼핑상품을 배달하는 서비스도 실험 운영 중이다. 일본 게이오대학 후지사와캠퍼스에서는 자율주행기술개발 벤처회사인 ZMP와 편의점 로손, 그리고 게이오대학 SFC연구소가 배달로봇(Carrio Delivery)을 통해서 배달 서비스를 시범운행하고 있다. 이러한 배달 서비스는 2019년 2월에 시범 운행되었고, 2019년 가을부터는 일반도로에서 운영할 계획이다.

이동을 서비스화하는 프로젝트: 새로운 자본의 논리와 논쟁점

기술이 발달하여 자율주행 5단계가 실현되면 인간의 라이프 스타일은 물론 커뮤니티, 도시 공간 등에도 엄청난 변화가 초래될 것이다.

우선, 일상생활에서 5단계 자율주행차가 일상화된다면 인간에게는 '자유롭게 쓸 수 있는 시간의 확대'가 예상된다. 미국 센서스 조사에 의하면, 미국인은 매일 자동차로 출근하는 전국평균시간이 편도 26.1분이고, 일주일에 4.35시간이다. 1년으로 환산하면 200시간 이상이다(冷泉彰彦, 2018).

자동차 소유에 필요한 비용면에서도 획기적인 변화가 일어날 것이다. 미국에서 자동차 1대를 1년간 보유하는데 리스비용, 세금, 기름 값을 합치면 연간 6,000달러 전후가 소요되는 것으로 알려졌다(冷泉彰彦. 2018). 여기에 보험료가 평균 1,300달러 정도 필요하다. 자율주행 자동차와 자동차 공유사회로 변화한다면 이러한 비용은 근본적으로 필요 없게 될 것이다.

현재 자동차는 지구 환경오염의 원인 중 하나이며 지구 환경의 부정적 요인이라고 인식이 변하고 있다. 또 근대사회에는 고급 자동차가 곧 '소비문화의 상징'이며 '기성사회의 권위'로 이미지화되어 있었는데 이러한 인식에도 변화가 보이기 시작하였다.

자율주행 자동차와 차량공유로 만들어지는 사회는 현재의 젊은 층의 감각이나 라이프스타일에 맞춰 기성사회의 권위를 부정하고, 대량소비 사회와는 다른 가치관을 만들어 새로운 문화로 인식되고 있다. 젊은 층의 가치관이 뉴노멀(new normal) 가치를 중시하는 스타일로 변화하고 있다. 즉 이들은 소유가치보다는 사용가치, 안심, 안전, 주민 상호간의 연대, 지속가능성, 고용 등과 같은 가치를 지향하고 자연과 공생하는 라이프 스타일을 중시한다(미츠비시종합연구소, 2012). 특히 지구환경 같은 환경적 가치를 강조하는 측면은 말할 것도 없다.

지금까지 소비자가 자동차를 소유하기 위해서는 막대한 경제적 비용과 주차장 확보 같은 물리적 비용을 지불해야 했다. 이러한 자동차는 부채를 유발하는 기기이고 경제적 부담을 강제하는 도구였다(Nikkei BP, 2018.8.26).

반대로 자율주행 기술의 발달과 라이드쉐어 사회에서 자동차가 제공하는 공간은 '새로운 만남의 장소'이고 '사람과 사람의 관계성을 확장'하는 공간으로 새로운 이미지가 만들어지고 있다.

자율주행과 라이드쉐어가 보편화된 사회에서 출퇴근, 이동은 학습하는 시간, 회의시간은 식사, 커피 같은 맛있는 음식을 먹는 등 즐거움을 제공해주는 시간, 영화나 음악 감상 같은 취미생활을 할 수 있는 시간, 자동차 공간 내에서 광고를 제공하게 되면서 새로운 비즈니스모델이 만들어지는 공간으로 변모한다. 결국 '이동'이 서비스화(MaaS: Mobility as a Service) 하게 되면서 이에 따른 새로운 이미지와 가치들이 만들어지고 있다. 앞으로는 같은 회사 사람들이 자율주행차로 라이드 쉐어하면서 차 안에서 아침식사를 함께하고 회의를 하며 회사로 가야 할지도 모르겠다.

디트로이트 그룹과 실리콘밸리 그룹의 이해 충돌

현재 자율주행차 개발과 관련하여 기존 자동차 산업을 대표하는 일명 디트로이트(Detroit) 그룹이 있다. 그리고 새롭게 자동차 산업의 패러다임 전환을 꿈꾸는 실리콘밸리(Silicon Valley) 그룹, 즉 미국의 구글, 애플, 우버, 일본의 DeNA 같은 스마트폰 어플, 인터넷 플랫폼 기업들이 있다. 이 두 그룹 간의 헤게모니 싸움이 국면에 따라서는 경쟁으로, 이익을 공유하는 부분에 대해서는 협력으로 나타나고 있다.

자율주행에서 핵심적인 역할을 담당하는 지도정보, 데이터, 소프트웨어 등을 둘러싸고 실리콘밸리 그룹과 디트로이트 그룹은 서로 대립하는 양상을 보이고 있다. 실리콘밸리 그룹은 지금까지 지도정보, 데이터, 소프트웨어가 주요 수입원이었다.

그러나 디트로이트 그룹은 지도정보, 데이터는 '공유재적 성격'이 강한 퍼블릭 도메인(public domain)이므로 무료 이용을 주장한다(鶴見吉郎, 2018). 이러한 디트로이트 그룹의 주장에 대하여 실리콘밸리 그룹은 강하게 반발하고 있다.

실리콘밸리 그룹은 그간 엄청난 액수를 투자하여 지도정보 및 데이터를 수집하여 비즈니스모델을 구축하였다. 특히 구글과 애플은 전 세계에 걸쳐서 정보를 수집하여 자동차가 달릴 수 있는 정보시스템을 구축하였다. 구글 같은 회사의 투자 덕분으로 전 세계에서 스마트폰을 활용하여 GPS 정보와 연계하여 지도 서비스를 이용하고 있다. 물론 광고 수입이라는 수입원이 있기 때문에 가능하다.

그러나 디트로이트 그룹은, 자율주행은 사람의 목숨과 관련되어 있으므로 관련 정보나 소프트웨어는 공공재로서 공적 관리가 필요하다는 논리이다. 행정서비스, 군사적 이용과 관련된 서비스는 국가기관이 민간기업으로부터 구매하여 무료로 제공해야 한다는 논리이다. 특히 구글의 지도 문제는 '독점성'과도 결부되어 다양한 논쟁이 진행되고 있다. 그리고 지도정보와 자율주행에서 활용되는 어플에 대해서도 '안전성 확보'

기준이 필요하다는 논의 또한 존재한다(일본 국토교통성, 2018).

현재 미국, 일본, 한국 등 대부분의 국가에서 자동차 검사 제도를 운영하는 것과 같이 자율주행에도 최소한의 기준 마련이 필요하다는 주장이 있다. 이러한 논의 또한 실리콘밸리 그룹과 디트로이트 그룹 간 갈등의 요인이 되고 있다.

실리콘밸리 그룹과 디트로이트 그룹 간 이해관계가 단적으로 충돌하는 것이 전기 자율주행 자동차 사고 문제이다. 2018년 3월 23일, 테슬러 사가 제조 판매하는 전기자동차가 자율주행 모드 사용 도중에 교통사고를 일으켜 운전자가 사망하는 사고가 발생하였다. 사고 자동차는 미국 캘리포니아주 마운틴 뷰에서 고속도로 주행 중에 중앙분리대에 충돌하여 불타버렸다.

테슬러 사가 제조한 전기자동차는 2017년 9월에도 이와 유사한 사고를 일으킨 것으로 알려졌다. 2017년 9월과 2018년 3월 모두 분기점에서 유사한 사고가 발생한 것으로 알려지고 있다. 2016년 5월에도 미국 플로리다에서 자율주행 자동차 사고로 사망하는 사고가 발생하였다.

지금까지 자율주행 자동차 기술은 5단계 운행에 필요한 조건을 클리어하고 있는지에 대해서도 논의가 진행 중이다. 그러나 지금까지의 자율주행 자동차 사고는 대체로 운전자의 실수로 인한 사고로 분석되고 있다(NIKKEI Business, 2018.4.10).

그렇지만 자율주행 자동차의 사고에서 나타난 바와 같이 운전자, 제조사, 소프트웨어 설계회사 등 책임의 범위가 쟁점으로 부상할 수 있다.

2017년 AIG 생명의 발표에 따르면, 자율주행 자동차의 사고책임은 차량 소유자 19%, 승객 23%, 제조회사 50%, 소프트웨어 제조사 37%, 부품제조사 9%, 인터넷 프로바이더 16%, 보행자 8%, 도로 관리자 5%

등으로 책임져야 하는 것으로 생각한다고 나타났다(마이니치신문, 2018. 9.18). 자율주행 자동차 주행은 사고책임의 주체에 대해서도 변화를 가져오고 있다.

자율주행 자동차의 사고에 대해 디트로이트 그룹은 인간의 생명이 걸려 있는 중대한 문제인 자율주행 자동차의 기술 개발 및 관리를 실리콘밸리 그룹에게 맡길 수 없다는 논리이다.

반대로 실리콘밸리 그룹은 현행 자동차 시스템 때문에 전 세계에서 연간 교통사고 사망자 수가 125만 명에 이르는데 이렇게 엄청난 사람들이 숨지는 현실을 더 이상 묵과 할 수 없다는 주장이다. 실리콘밸리 그룹은 특히 고령화 사회로 접어들면서 증가하는 고령자 교통사고를 줄이고 고령자의 이동권리를 확보하기 위해서는 자율주행 자동차로 이행하는 것이 불가피하다고 주장한다.

'이동 서비스'는 인간을 행복하게 할 것인가

자율주행 자동차와 관련하여 지적하지 않을 수 없는 문제가 '새로운 자본의 논리'이다. 앞에서 일본의 닛산자동차와 디엔에이가 주도하는 이지 라이드 서비스에서 볼 수 있는 새로운 비즈니스 창출이다. 기존 자동차회사도 최근 잇따라 "자동차 메이커"에서 "이동 서비스를 제공하는 회사"로 전환을 선언하였다. 폭스바겐도 도요타자동차도 자동차를 제조, 판매하는 회사에서 "이동 서비스를 제공하는 회사"로 전환한다고 선언하였다.

도요타자동차는 2018 CES에서 공식적으로 이동 서비스(MaaS) 사업에 참여하기로 선언하였다. 그리고 2018년 10월 일본 소프트뱅크 사와

모네 테크놀로지(Monet Technologies)라는 공동출자회사를 설립하기로 합의하였다. 이후, 2019년에 접어들어 합작회사가 만들어지고, 라이드쉐어, 자율주행차 운행에 본격적으로 참가하고 있다.

고령운전자 증가는 일본을 비롯해서 여러 나라에서 사회적 문제로 대두하고 있다. 그리고 CO_2 문제는 자동차 업계에게 막대한 비용부담을 요구하고 있다. 이러한 CO_2 문제는 주요 자동차 회사들이 디젤자동차 생산을 금지하는 상황을 보더라도 알 수 있다.

안전한 자율주행 자동차 사회 실현을 위한 과제

자율주행 자동차 기술이 발전하면서 새로운 비즈니스와 가치 창출이 가시화되고 있다.

그러나 자율주행 자동차가 일반도로에서 안전하게 운행하기 위해서는 아직 넘어야 할 과제들이 적지 않다. 기술적인 부분은 하루가 다르게 진보하고 있어서 걱정할 부분은 많지 않다고 볼 수도 있다. 더구나 자동차 제조회사들이 기존 시장의 포화상태로 인한 수익 감소를 고려하여 막대한 투자를 하고 있다는 점에서도 매우 희망적이다.

그러나 기술 발달과 일반 시민들이 가지는 기술 수용성과의 격차가 점점 커지고 있다. 즉 이용자들은 자율주행 자동차가 거리에서 운행하는 모습을 보면서 점점 불안감을 가지게 된다는 점이다.

이용자들이 가지는 불안감은 자율주행 자동차 또는 관련 기술에 대한 이해부족에서 생기는 부분도 존재한다. 자율주행 자동차 관련 기술은 일반사람들이 이해하기 어려운 전문적인 지식을 필요로 할 수도 있지만 이용자의 눈높이에 맞춰서 알기 쉽게 설명해주는 것은 매우 중요하다.

이용자들이 안전하게 자율주행 자동차를 이용하기 위해서는 우선, 자율주행 시스템이 안전성을 담보해야 한다. 이것은 자율주행 자동차가 안전하게 설계되어야 한다는 것을 의미한다.

그리고 자율주행 시스템을 구성하는 소프트웨어, 센서, 어플 등이 일정 정도 이상의 품질과 안전성을 확보해야 한다.

자율주행 시스템이 일정한 기준을 통과하였다 해도 도로, 신호체계 등 교통 인프라와 연계시스템이 마련되어야 한다. 대표적인 것이 5G 서비스가 일상화되는 인프라 구축이다. 자율주행 자동차가 자유롭게 운행될 수 있는 통신 인프라가 필요하다. 이것은 자율주행에 관련된 모든 정보들이 실시간으로 자유롭게 소통되는 환경이 구축되어야 한다는 점을 의미한다.

또 만의 하나 발생할 수 있는 사고에 대한 처리, 분쟁해결 방안을 마련해야 하는 과제도 남아 있다. 교통사고 피해자 구제를 위한 민사상, 형사상 법률 정비, 그리고 사고의 원인규명과 재발방지를 위한 대책을 마련해야 하는 것이다. 기존의 방식으로 대응한다면 사고처리에 오랜 시간이 소요될 수도 있다. 또는 법적, 제도적 정비 부족으로 피해자만이 존재하고 가해자를 가려내지 못하는 사회적 문제가 속출할 수도 있다. 그러므로 신속한 사고조사 체계를 정비하고 이를 뒷받침하는 제도마련이 필요하다.

예를 들면 드라이브 레코더 또는 차량의 충돌이나 사고와 관련된 정보를 기록하는 장치인 EDR(Event Data Recorder)의 장착과 제출을 의무화하는 등 제도정비가 필요하다.

자율주행 자동차의 안전성과 관련해서 가장 중요한 문제는 명확한 안전기준을 마련하는 것이다. 안전기준을 마련하는 것은 간단하지 않다. 예를 들어 비행기의 경우, 인명에 관련된 사고확률 기준이 비행시간 기준으로 10의 마이너스 9승, 즉 10억 시간에 1회 발생 이하라고 한다. 이러한 명확한 기준에 맞춰 모든 부품은 물론 비행기준이 규정되어 있다고 한다(松尾豊, 2019).

그런데 어느 수준까지 안전을 확보할 것인가에 대한 합의는 개별 국가 단위에서 결정할 수 있는 문제가 아니다. 국제적인 논의가 필요한 것은 물론이다. 현재 도로교통에 관한 국제적 조약은 1949년에 마련된 제네바조약이다. 현재 97개 국가들이 조약비준국가로 참여하고 있다. 이 조약에서도 차량의 운행에는 반드시 운전자가 있어야 한다고 규정하고 있다(조약 제8조 1항).

안전기준이 높아진다면 개발회사들이 부담하는 비용이 증가하게 되고, 기준이 낮게 책정된다면 사고의 위험성이 증가하게 되므로 이용자의 반발이나 보험회사의 보험금 지불이 증가하게 될 가능성도 있다. 안전기준 책정 문제는 선진국과 개발도상국가 간 이해충돌의 가능성도 내포하고 있으므로 충분한 논의와 지원이 필요할 것이다. 이러한 여러 가지 상황으로 인해 합의를 도출하기까지에는 시간이 걸릴 수밖에 없다.

일본에서는 2019년 새롭게 개정된 '도로운송차량법'에서도 자율주행 자동차가 주행 가능한 도로 환경, 제한속도 등 제반 조건을 차종별로 관련 부처(국토교통부)가 결정하도록 되어 있다. 물론 관련 법률의 개정은 국회의 몫이다. 그러므로 자율주행 자동차가 안전하게 운행하기 위해서는 정부나 정치인의 역할이 무엇보다도 중요하다는 점을 강조하지 않을 수 없다.

13장

자율주행 로봇과 물류혁명
— 사회적 과제 해결과 제도 정비

오키나와에 가면 나하공항에서 시내까지 이동하는 버스가 자율주행 자동차이다. 물론 아직 '레벨 3' 수준의 자율주행 자동차가 운행되므로 운전사가 탑승해 있다.

대체로 자율주행 자동차는 2025년 전후로 무인형태로 운행이 시작될 것으로 예상된다. 이후에 상당기간 동안 자율주행 자동차가 안정적으로 운행되기 위한 시스템 개발이 진행될 것이다. 자율주행 자동차 시스템이 사람을 대신해서 완전 무인 형태로 운행되기까지는 많은 시간이 필요하다.

완전 자율주행을 위한 도전

일본은 고령화, 저출산 등으로 노동력 부족 문제가 심각한 상황이다. 특히 택시 운전기사, 택배 배달기사, 트럭기사, 우편물 배달 등 분야

오키나와 나하공항에서 시내까지 운행하는 자율주행 자동차

는 더욱 심각한 상황이다. 최근 들어 인터넷 쇼핑이 급증하면서 택배회사, 우편물 배달 관련 분야는 심각한 구인난에 직면해 있다. 이러한 분야에서 운전자 부족 문제를 해결하기 위하여 인공지능(AI) 도입이 가장 적극적으로 시도되고 있다. 부족한 인력 문제를 해결하는 방안은 다름 아니라 자율주행 자동차 개발 문제로 직결된다.

일본에서는 다양한 형태의 자율주행 자동차 실용화가 시도되고 있다. 최근 2019년 3월에 동경 시내 우체국에서 자율주행 자동차 '레벨 4' 실험 운행이 시행되었다.

자율주행 자동차로 우편물을 배송하는 실험은 두 가지 형태로 나누어 실시되었다. 하나는 동경국제우체국에서 신동경우체국까지 우편물을 싣고 운전자가 감시하는 상황에서 자율 주행하는 '레벨 3 '운행이 이루어졌다. 또 다른 실험운행은 신동경우체국 구내 도로에서 운전자가 탑승하지 않은 상태에서 자율주행 자동차 '레벨 4' 단계로 운행되었다. 무인 자율주행 자동차 운행의 경우, 원격통제센터에서 운행을 감시하는 형태로 이루어졌다.

자율주행 자동차가 '레벨 4'로 운행한다는 것은 꽤 높은 난이도이다. '레벨 3'까지는 운전자가 탑승한다. 그리고 필요한 경우에는 운전자가 핸들이나 브레이크를 조작해야 한다. 그러나 '레벨 4' 단계에서는 운전자가 탑승하지 않는다. '레벨 4' 단계는 고속도로, 맑은 날씨 등 일정 조건에서는 운전자가 탑승하지 않고 전적으로 인공지능이 운전하는 단계이다. 물론 원격통제센터에서는 감시가 이루어진다.

자율주행 자동차 주행이 이루어진 신동경우체국

자율주행 자동차. '레벨 4' 형태로 우편물 배송을 실험하였다.

자율주행 자동차 실험에는 손해보험회사도 참여

자율주행 자동차가 '레벨 4' 단계로 운행하기 위해서는 여러 가지 준비가 필요하다. 이를 위해서는 도로, 운행 코스 등 관련 정보가 사전에 입력되어 있어야 한다. 그리고 자율주행 자동차는 레이더로 주행 위치를 파악한다. 물론 도로 주변의 건물, 보행자, 도로 환경, 날씨 같은 자연정보에 대한 데이터도 필요하다. 카메라와 센서로 주변 사물을 인지하고 데이터를 주고받아야 한다.

여기에는 최근 한국이 세계 최초로 서비스를 시작한 5G 기술이 필수불가결하다. 그 이유는 다양한 형태의 데이터가 실시간으로 커뮤니케이션 가능한 통신환경이 필요하기 때문이다. 결국 '레벨 4' 단계는 실시간으로 도로정보나 주변 건물, 신호정보, 주변 자동차의 주행상황, 보행자 등에 대한 정보가 실시간으로 소통될 수 있을 때 가능하다.

이번 '레벨 4'단계 자율주행 자동차 운행에는 인공지능 개발회사뿐만 아니라 손해보험회사(손해보험재팬 일본흥아주식회사)도 참여하였다. 자율주행 자동차 운행에는 보험도 중요한 쟁점이기 때문이다. 즉 사고가 발생한 경우 적용되는 손해배상 문제는 자율주행 자동차 운행과 관련해서 핵심적인 쟁점사항이다.

2019년 3월에 이루어진 자율주행 자동차 운행은 우체국 구내 도로에서 시속 20㎞ 속도로 자율 주행이 진행되었다. 이번 주행에 이용된 자율주행 자동차는 소프트웨어 개발회사인 아이산 테크놀로지가 개발한 자동차이다. 운행에 필요한 3차원 고정밀 지도도 같은 회사가 작성한 지도이다. 자율주행 자동차 운행은 차량의 전후, 좌우에 설치된 카메라와 자동차 지붕에 설치된 센서기로 장애물을 탐지한다. 일본우편주식회사 우편물류사업기획부 하타케 부장은 이 실험운행에서 기술적으로는 문제

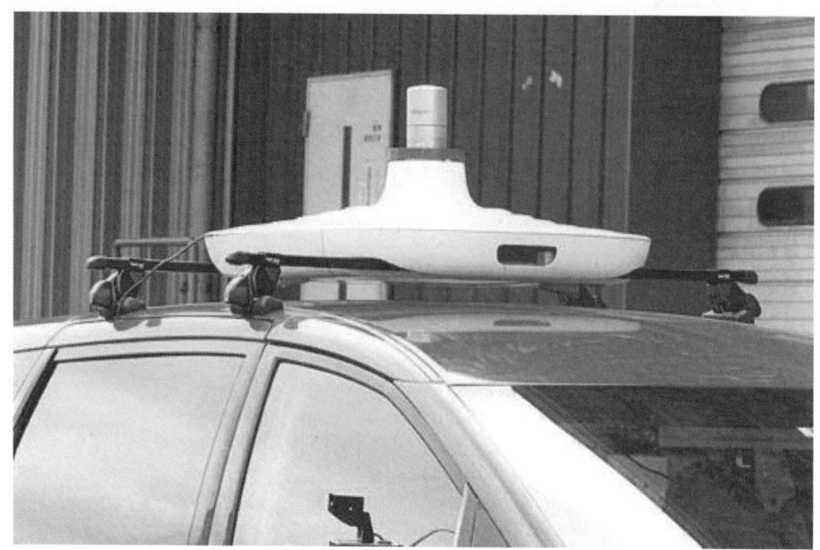

자율주행 자동차 운행의 핵심인 센서 (출처: LNews, 2019.3.22)

가 없다는 것이 확인되었다고 말했다(LNews, 2019.3.22).

2025년 완전 자율주행 목표

일본은 고속도로에서 트럭의 완전 자율주행 자동차 운행 시기를 2025년으로 계획하고 있다. 현재의 예상대로 2025년 완전 자율주행 자동차 운행이 실행된다면 일본우편주식회사가 운행하는 1일, 1만 편의 우편배송 트럭이 무인화되는 효과가 있다(日本經濟新聞, 2019.3.9). 전국의 택배회사는 물론, 일본 전국으로 물류를 운반하는 화물트럭 등도 무인으로 이용될 가능성이 높아진다. 이러한 무인 자율주행 자동차 운행이 일상화된다면 현재 택배차나 화물차의 운전자 부족으로 인해 발생하는 택배배

실제로 자동차의 자율주행이 이루어지는 도로

달 지연 문제는 자연스럽게 해결될 것이다.

일본에서는 인공지능 기술의 실용화 목표가 대체로 2020년으로 책정되어 있는 사업이 많다. 그 이유는 2020년에 동경 올림픽과 패럴림픽이 개최되기 때문이다. 전 세계에서 동경 올림픽을 보러 오는 손님들에게 일본 사회가 인공지능 사회로 변해가고 있는 모습을 보여준다는 전략에서이다.

올림픽 기간에는 동경 시내에서 올림픽 경기장까지 자율주행 자동차를 운행하는 것은 물론, AI 택시가 지구촌에서 온 손님들을 싣고 경기장은 물론 일본의 유명 관광지를 안내한다는 계획으로 추진되었다.

미국에서도 자율주행 자동차가 우편물 배송

우편배송에 자율주행 자동차를 활용하는 실험은 일본뿐만 아니라 미국에서도 진행되고 있다. 미국우편공사(USPS)는 2017년 11월에 우편공사가 보유한 22만 8,000대 우편배달 차량 전부에 자율주행 시스템을 도입하기로 결정하였다. 이 계획을 실현하기 위하여 미국우편공사는 미시간대학교와 공동으로 자율주행 자동차 개발에 착수하였다. 이 계획에 따라서 2025년에는 2만 8,000대가 자율주행 자동차로 대체될 것이라고 한다(WIRED, 2017.11.6).

미국우편공사가 2025년부터 도입하는 자율주행 자동차는 '레벨 3' 수준으로 알려졌다. '레벨 3' 형태로 도입하는 것은 기술적인 문제보다는 우편배송 자동차의 운전자들의 고용을 보장하기 위해서이다. 미국 우편공사가 우편배송 자동차 운전자들의 고용을 보장하면서까지 자율주행 자동차를 도입하는 이유는 비용절감이다.

2016년 기준으로 미국우편공사의 적자는 56억 달러 정도이다. 적자가 발생하는 요인 중에 배달 자동차와 관련된 부분이 크다. 2016년에 우편공사 차량의 교통사고로 인해 지불된 벌금, 배상 및 차량 수리비용이 6,700만 달러, 가솔린 비용이 5억 7,000만 달러 등으로 나타났다(WIRED, 2017.11.6). 결국 자율주행 자동차 도입으로 교통사고가 감소하고 차량 운행이 효율적으로 이루어진다면 이러한 비용이 감소되는 효과가 예상되기 때문이다.

미국과 일본에서 우편물 배송차량이 자율주행 자동차 운행 실험에 이용되는 이유는 매일 동일한 루트를 운행한다는 점이다. 우편물 배송차량은 정해진 지역에서 지역으로 이동하는 것이 대부분이므로 자율주행 자동차 운행이 예상 외로 손쉽게 진행될 수 있다. 대체로 고정된 도로나 루트를 주행하는 경우라면 도로정보나 주변정보를 3D형식의 지도로 작성, 제공하는 것도 어렵지 않을 수 있기 때문이다. 이러한 지도나 도로정보와 더불어 센서기술을 활용한다면 우편배송 차량을 자율주행 자동차로 대체하는 일은 그다지 어렵지 않을 수도 있다.

자율주행을 위한 제도와 법률 지원

일본 정부는 '슈퍼시티 법안'으로 실용화 지원

일본에서는 올림픽에 맞춰 인공지능 기술을 다양한 형태로 실용화할 수 있도록 지원하는 법률도 속속 만들어지고 있다. 이른바 '슈퍼시티(Supper City) 법안'이 바로 그것이다.

슈퍼시티 법안은 첨단기술에 관한 실험을 한정된 실험장이 아닌 지역 전체에서 진행할 수 있도록 지원하는 것이 목표이다.

일본이 인공지능 기술을 실용화할 수 있도록 법률적으로 지원하는 이유는 이 분야에서 선진국에 뒤처져 있는 상황을 만회하기 위해서이다. 일본은 현재까지 인공지능 관련 기술개발에서는 미국이나 중국에 뒤처져 있다는 점을 인정한다. 그러나 향후에는 인공지능 기술이 실용화하는 단계로 접어들게 되고, 실용화 단계에서는 일본이 우위를 점할 수 있도록 한다는 전략이다.

일본 정부는 슈퍼시티법안을 2019년 6월 각의에서 의결하였다. 그리고 지방자치단체가 지역주민의 동의하에 슈퍼시티 구축을 내각총리대신에게 신청하면 이를 인정해준다는 전략이다. 지방자치단체가 지역주민의 동의하에 조례를 제정하면 국가는 관련 규제를 완화해준다는 방침이다. 이전에는 볼 수 없었던 파격적인 규제완화 방침이다. 그 만큼 인공지능의 실용화에 국가의 정책적 지원이 강화되고 있다는 것이다.

2019년 가을 이후, 슈퍼시티 법안이 국회에서 논의를 거쳐 성립될 것으로 예상되는데, 이렇게 되면 특정 자치단체의 도로에서 자율주행 자동차 운행이 자유롭게 이루어질 것이다. 이제는 자율주행 자동차 운행이 담장 속 실험도로에서 벗어나 지역주민이 생활하는 일반도로로 나와 주행하는 시대가 될 것이다. 또한 자율주행 자동차 운행실험 성과를 토대로 무인 자율주행 자동차로 택배, 우편물, 편의점 물건 배달 등이 이루어지는 현실이 머지않아 다가올 것으로 예상된다.

자율주행 자동차 법률 통과: '도로운송차량법'과 '도로교통법' 개정

일본 정부는 2019년 3월 8일, 자율주행 자동차 실용화를 위한 '도로운송차량법'과 '도로교통법' 개정안을 각의에서 결정하였다. 그리고 2019년 5월 국회에서 법안이 통과되었다. 2020년부터는 사람이 아닌 프로그램이 운전하는 자율주행 자동차가 운행할 수 있게 되었다.

개정된 '도로운송차량법'에서는 자율주행 자동차가 주행 가능한 도로환경, 제한속도 등 제반 조건을 차종별로 관련부처(국토교통부)의 장이 설정하도록 하고, 이러한 조건에 해당하지 않은 상황에서는 탑승한 운전자가 운전하는 것을 조건으로 자율주행 자동차의 주행을 허용한다는 것이 핵심 내용이다.

즉 '도로운송차량법'에서는 '레벨 3' 수준의 자율주행 자동차 주행을 인정한다는 내용이다. 안전 확보와 관련해서는 자율주행 자동차가 주행하기에 부적합한 상황에서는 운전자가 운전함으로써 사고 방지, 안전을 확보한다는 논리이다. 이러한 법 개정으로 2020년부터 자율주행 자동차 주행이 고속도로에서 가능하게 되었다.

개정된 '도로운송차량법'에서 자율주행 자동차의 주행 조건은 정부가 차종별로 성능을 심사한 이후 고속도로, 또는 일반도로에서 속도, 날씨 조건 등에 대한 기준을 결정한다고 규정하고 있다. 물론 자율주행 자동차 시스템이 발전하는 조건에 따라 이러한 조건과 기준도 달라질 것이다. 자율주행 자동차의 주행에 필요한 센서, 카메라 등 장치에는 보안기준을 설정한다. 엔진에 대해서도 점검, 정비를 의무화하고 정기적으로 이루어지는 자동차 검사 대상 항목에 추가하기로 결정하였다.

개정된 '도로운송차량법'에서는 안전성 확보를 목적으로 하는 '보안기준'의 대상에 "자율주행 기능(자율주행 장치)"을 추가하였다. '보안기준'은 자동차에 탑승한 사람이나 보행자에게 위험이 미치지 않는 상황을 확보해야 하는 기준이다. 통신네트워크를 경유하여 자율운전기능, 소프트웨어가 송신, 수신되는 경우 안전성을 고려하여 국가의 허가제로 한다는 내용도 포함되어 있다. 즉 자동차의 안전에 영향을 미치는 프로그램에 대해서는 국가가 심사하여 허가한다는 것이다(每日新聞, 2019.2.8).

또한 자율주행이 가능한 속도, 날씨, 시간대 등 구체적인 조건에 대해서는 관련부처의 장이 지정하기로 했다.

현재 일본 정부는 '레벨 3' 수준의 자율주행 자동차가 고속도로에서 정체 등으로 저속 주행하는 시간대에 우선적으로 운행을 허용한다는 방침이다. 도입 초기 단계에는 일정한 조건하에서 자율주행 자동차의 운행을 일부 허용한다는 전략이다. 대단히 보수적인 조건하에서 허용하는 상황이지만 그래도 자율주행 자동차가 고속도로에서 운행할 수 있는 법적 정당성이 마련되었다는 점에서 의미가 크다.

자율주행 시스템이 운전할 수 있는 법적 권리 확보

이와 더불어 개정된 '도로교통법'에서 자율주행 시스템은 인간을 대신하여 운전하는 장치로 인정받았다. 이번 규정은 '역사적인 전환점'으로 평가받을 수 있다. 그리고 제4차 산업혁명 시대를 맞이하기 위한 '획기적인 발상의 전환'이라고 볼 수 있다. 지금까지 자동차를 운전하는 대상은 '사람'으로 한정하였으나 지금부터는 자율주행 시스템도 자동차를 조작, 운전하는 대상으로 인정한다는 점에서이다.

그리고 자율주행 시스템이 운전하는 경우, 탑승한 운전자는 핸드폰 사용, TV시청 등이 가능하다. 운전자는 핸드폰으로 통화할 수 있고, 문자를 보낼 수도 있다. 내비게이션을 주시하는 것도 TV시청도 가능하다. 자동차 안에서 컴퓨터 조작, 독서, 식사 등도 허용될 것으로 보인다. 그 이유는 자율주행 시스템이 운전하고 있기 때문이다. 자율주행 시스템이 운전하는 상황에서 운전자는 돌발적인 상황에 대비하고 적절하게 대처할 수 있는 태세를 갖추고 있으면 된다.

현행처럼 운전자의 안전운전의무는 자율주행 중에도 유지된다. 따라서 개정되는 도로교통법에서는 자율주행 시스템이 자동차를 조작하는 중에 음주나 취침, 졸음 등은 금지된다. 이러한 행위는 운전자의 안전운전의무와 직결되기 때문이다. 자율주행 시스템이 운전하는 상황에서 도로 상황, 날씨의 변화, 비상 상황에는 음성이나 진동으로 운전자에게 경고를 보낸다. 비상 상황이 발생하면 자동차 운전이 자율주행 시스템에서 탑승한 운전자가 직접 운전하는 상태로 전환하는 것을 의무화하고 있다.

운전자는 자율주행 시스템이 운전하는 동안에 법에서 허용하지 않는 행동으로 인해 사고가 발생한다면 안전운전의무 위반으로 처벌 받을 수 있다. 그리고 자율주행 시스템 주행 중에 시스템 결함으로 사고가 발생한다면 이에 대해서는 개발회사, 시스템을 제공한 회사에게 '업무상 과실치사상죄'를 적용한다고 규정하였다. 이에 따라 자율주행 자동차에는 사고 발생 당시 운전 상황을 기록하는 장치를 의무적으로 탑재해야 한다. 사고 상황을 확인하기 위하여 자율주행 자동차에는 기록 장치 탑재를 의무화하고, 운행기록 보존도 의무화되었다.

여러 문제해결을 위한 '최적의 해결방안'으로 인식

일본 정부가 '도로운송차량법'과 '도로교통법' 개정안을 마련한 배경은 역시 제4차 산업혁명 시대에 대비하는 국가전략이 존재한다. 자율주행 자동차기술은 날마다 새롭게 발전하고 있다. 전통적인 자동차 강국인 일본은 자율주행 자동차 분야에서도 경쟁력을 확보하려는 전략이기도 하다.

물론 일본 사회가 현실적으로 당면한 노동력 부족 문제를 해결하려는 방안이기도 하다. 택시, 택배, 화물운송 분야가 직면한 심각한 운전자 부족 문제를 해결하려는 '최적의 해결방안'이 자율주행 자동차의 실용화이다. 또한 일본의 지방사회가 직면한 고령자들의 '이동권리 확보'문제를 해결하는 '최적의 해결방안'이기도 하다.

이 외에도 일본 정부가 '도로운송차량법'과 '도로교통법' 개정안을 마련한 배경에는 운전자 과실로 인한 사망사고를 줄이려는 의도가 포함되어 있다. 일본에서 2016년 한 해 동안 발생한 사망사고의 97% 정도는 운전자의 법률 위반이 원인으로 나타났다(일본 內閣部, 2017). 결국 일본 정부는 자율주행 시스템에 운전을 허용함으로써 운전자 과실에 의한 사망사고를 감소시키려는 의도에서 법률 개정을 추진하였다.

또 다른 배경에는 선진국들이 이미 자율주행 시스템 운전과 관련하여 법안을 제정하였기 때문이다. 2017년부터 독일에서는 '레벨 3' 또는 '레벨 4' 수준의 자율주행 자동차가 운행되고 있다. 그리고 미국과 영국에서는 관련법 개정을 검토하고 있는 상황을 고려한 것이다. 결국 일본 정부는 자율주행 자동차 분야에서 치열하게 펼쳐지고 있는 국제 경쟁에서 뒤처질 수 없다는 계산을 한 것이다.

새로운 기술의 등장은 우리 인간이 어떻게 활용할 것인가에 따라서 유용한 수단이 되기도, 인간을 위협하는 도구가 될 수도 있을 것이다. 인류의 역사를 살펴보면 인간은 지속적으로 새로운 도구, 기계를 개발하여 왔다. 새로운 기계는 인간에게 '문명의 이기'로 다가오기도 하고, 기계의 오작동으로 인간이 다치기도 한다. 자율주행 자동차도 마찬가지일 것이다.

인류는 오랜 역사 속에서 다양한 노하우를 체내에 DNA 형태로 체득해왔다. 아마도 우리 몸속에 내재해 있는 기계를 다루는 DNA는 새롭게 등장하고 있는 자율주행 자동차를 상대로도 잘 기능할 것이다. 그렇다고 한다면 우리는 좀 더 자신감을 가지고 새로운 기술을 도입하고, 그를 활용해 인간이 보다 편리하고 안전하게 살아가는 수단으로 활용하는 것도 좋을 것이다.

14장

모빌리티 서비스(MaaS)의 이동혁명

— 이동의 서비스화와 새로운 시장의 탄생

2018년 10월 도요타 자동차는 일본 소프트뱅크에게 이동 서비스 마스(MaaS: Mobility as a Service) 실현을 위한 공동 합작회사 설립을 제안했다. 그리고 2019년 2월, 도요타자동차가 49%, 소프트뱅크가 51% 지분을 가지는 모네 테크놀로지(MONET TECHNOLOGIES)라는 공동 합작회사를 설립하였다.

도요타자동차 회장은 새로운 회사 설립을 발표하는 자리에서 "향후 도요타자동차는 '이동'이라는 '서비스'를 제공하는 서비스 회사가 될 것이다"라고 선언하였다. 모네 테크놀로지는 자율주행 자동차에 기반한 이동 서비스 사업을 진행하고 있다.

그럼, 왜 도요타자동차는 자동차를 만드는 회사에서 '이동 서비스'를 제공하는 회사로 변신하려고 하는 것일까?

일본경제신문사(닛케이)가 발행하는 『Cross X Trend』는 2019년 1월 신년 특집에서 그해 IT 관련 핵심 키워드로 이동 서비스 마스(MaaS), 쇼루밍(Show Rooming),* 그리고 인공지능(AI)을 선정하였다. 2018년 9월, 덴

마크 코펜하겐에서 열린 "ITS 국제회의 2018"에서도 마스 관련 발표가 100편을 넘어섰다. 이렇게 주목 받고 있는 마스의 정체는 무엇인가?

이동 서비스 마스(MaaS)의 개념

이동 서비스 마스(MaaS)는 기존의 대중교통수단인 버스, 전철, 트램, 택시뿐만 아니라 각종 쉐어링 교통수단인 카 쉐어링, 라이드 쉐어링, 렌트카, 렌트 바이크 등 다양한 교통수단을 통합, 연계하여 스마트폰 어플을 통해서 검색, 예약, 결제까지 가능한 형태로 이용하는 교통서비스이다(日高洋祐他, 2018).

지금까지 이용하는 교통 관련 서비스와 다른 것은 도어 투 도어, 즉 출발지에서 목적지까지 이동 경로, 이동 수단이 한꺼번에 연계되는 형태로 예약, 결제까지 된다는 점이다. 현재, 집에서 출발하여 학교나 직장으로 출근하는 경우를 생각해보자. 우선, 집에서 버스정류장이나 지하철역까지는 도보로 가거나, 자전거를 이용하거나 아니면 집에서 누군가가 태워다 주기도 한다.

그리고 나서 인근 역에서 전철을 타고 도중에 버스로 환승하여 회사

* 오프라인 매장에서 사고 싶은 물건을 보고 온라인 쇼핑몰에서 구입하는 현상 또는 오프라인 매장이 단지 전시 룸으로 전락했다는 의미에서 쇼루밍이라고 표현하기도 한다. 그러나 최근에는 오프라인 매장들이 단지 물건을 전시하는 공간으로서가 아니라 회사 상품의 역사, 개발과정 등에 대한 스토리를 공유하는 공간으로 활용하고, 다양한 체험이나 경험 할 수 있는 거리들을 기획, 전시하면서 회사에 대한 이해, 공감, 체험하는 공간으로 변화를 시도하고 있다. 고객과 소통할 수 있는 기회를 늘리려는 의도에서 오프라인 매장이 변신하는 경향을 의미한다.

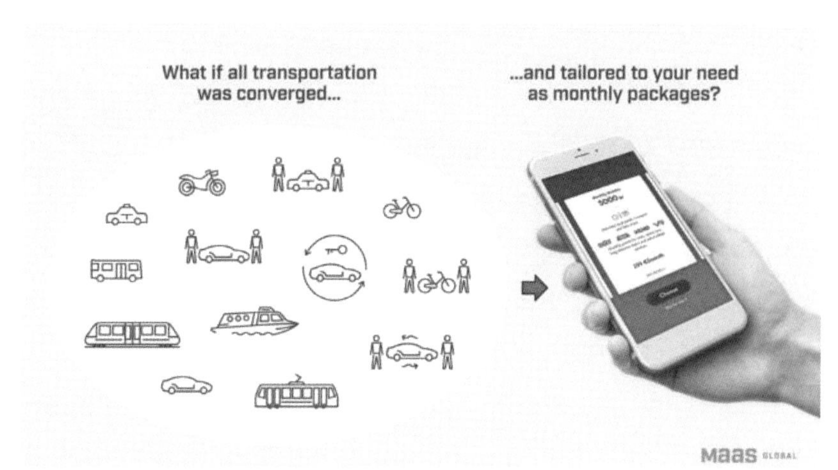

이동 서비스 마스의 개념도 (출처: MaaS Global)

인근 버스 정류장에서 하차한다. 다시 회사까지 걸어가는 방식으로 출근하는 것이 일반적이다. 즉 지금까지 출근 이동에서 가장 불편한 점은 집에서 전철역까지, 집에서 버스 정류장까지 이동하는 것이 늘 불편한 문제였다.

반대로 퇴근시간에는 직장에서 전철역, 그리고 전철역에서 집까지 이동이 문제였다. 통상 이러한 문제는 라스트 원 마일(Last One Mile) 문제라고 부른다. 또는 중간에서 환승하는 경우, 버스 정류장이나 전철역까지 거리가 멀어서 이동하는 일이 불편하다는 문제였다.

마스(MaaS)는 이러한 라스트 원 마일 문제나 중간에 환승하기 위하여 걷거나 별도로 택시를 타야 하는 문제를 다른 교통수단으로 대체하여 통합적으로 제공하는 서비스이다. 예를 들면 집에서 전철역까지는 렌트 자전거를 이용하거나 심지어 택시까지 이용할 수 있도록 연계되는 서비스이다.

지금까지는 집에서 나와 전철역까지 택시를 이용하는 경우, 전화나 스마트폰 어플로 택시를 호출해야 했다. 그러나 마스는 별도로 호출하지 않아도 된다. 스마트폰 앱에서 자동으로 택시 예약과 요금 지불을 일괄적으로 할 수 있기 때문이다. 또 요금지불도 버스나 전철은 환승이 가능하였지만 택시나 라이드 쉐어링 서비스를 이용하는 경우, 별로도 예약, 결제가 필요하였다.

그러나 마스는 출발지에서 목적지까지, 도어 투 도어 방식으로 도착할 때까지 모든 이동에 필요한 경로, 교통수단의 선택, 예약, 결제가 한 번에 통합적으로 제공된다.

이용자가 출발할 때, 다양한 경로와 이용 가능한 교통수단의 조합 속에서 가장 편리하고 가장 싼 경로를 선택하면 미리 등록된 신용카드나 스마트 페이 방식으로 결제한다. 그러면 이동 시간에 맞춰 자동으로 예약되고, 동시에 이용 가능하다. 예를 들어 집에서 출발할 때, 택시를 이용한다면 출발 시간에 맞춰 집 앞에 택시가 대기하고 있게 된다.

실제로 핀란드 헬싱키시의 경우, 마스로 택시를 타면 5㎞ 이내 거리는 별도의 요금 지불 없이 몇 번이고 이용이 가능하다. 헬싱키시는 2016년부터 마스 이동 서비스가 운영되고 있다. 월정액 요금제(490유로/월)를 이용하면 월정액 요금으로 택시나 렌트카를 무제한으로 이용하여 출퇴근, 통학에 이용하게 하고 있다.

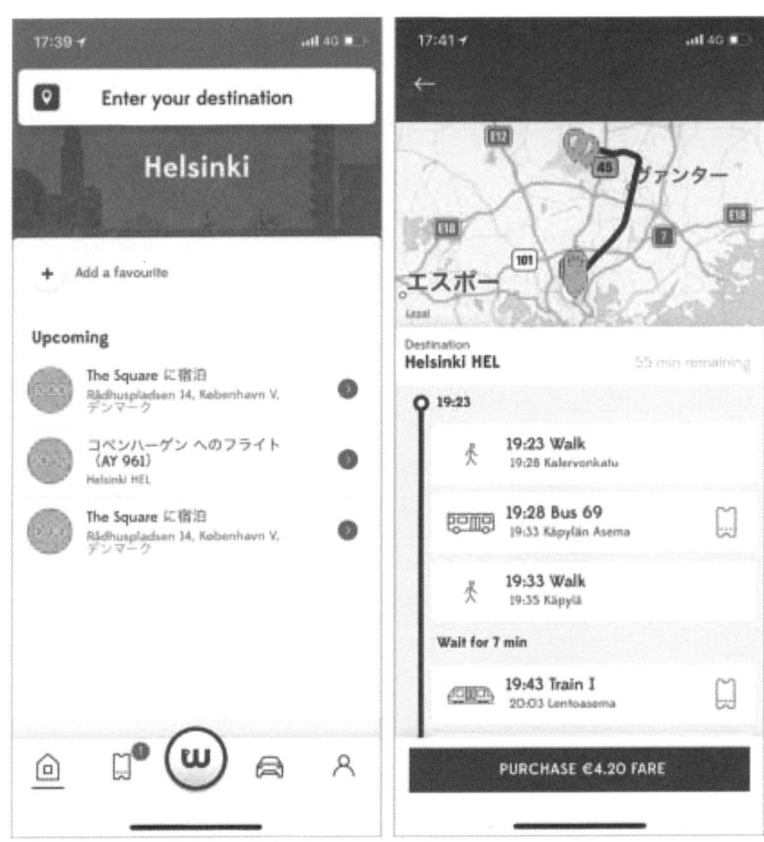

헬싱키시에서 운영되는 마스 서비스

마스의 등장 배경

마스의 등장에는 단연 스마트폰의 보급과 다양한 앱을 활용한 서비스 제공이 존재한다. 그리고 인공지능, IoT 기술의 발달이 마스를 가능하게 만들었다. Open Data, Open API 같은 공개 플랫폼의 활용도 중요한 토대가 되고 있다(日高洋祐他, 2018).

마스의 등장은 일종의 공유경제(Sharing Economy)의 진전이 만들어낸 결과이기도 하다.

마스의 등장에는 젊은 층의 의식변화도 한 몫을 하고 있다. 이들은 자동차를 구입하기보다는 이용, 공유하는 경향이 강하게 나타나고 있다(日高洋祐他, 2018). 젊은 세대에서는 특히 뉴 노멀(New Normal) 가치관의 확대 양상이 현저하게 나타나고 있다. 이들은 자동차, 주택이나 의류, 물건 등에 대해서 '소유'하는 가치보다는 '이용'하려는 가치를 중시하는 새로운 가치관의 소유자들이다. 이러한 새로운 가치관의 소유자들은 '이동(Mobility) 수단의 소유보다는 공유'로 인식이 전환되고 있다.

도요타자동차가 자동차 판매로 수익을 내는 것이 아니라 '이동 서비스'를 제공하는 회사로 변신한다는 의미가 이러한 맥락과 연결된다. 2017년 기준으로 전 세계 자동차 신차 시장규모는 200조 엔(환화로 약 2,000조 원)을 넘는 거대시장이라고 알려져 있다. 자동차 회사 중에서 글로벌 톱3인 폴스바겐 그룹, 르노-닛산-미츠비시 그룹, 그리고 도요타자동차는 연간 1,000만 대 이상 자동차를 판매한다. 이 회사들의 매출액도 각 약 300조 원(30조 엔)을 넘어서고 있다(일본자동차판매현합회, 2018). 이러한 거대한 세계시장에도 한계상황이 다가오고 있다고 인식한다.

반대로 마스(MaaS)의 세계 시장 규모는 2030년에는 1조 달러에 이를 것으로 ABI Research(2016)는 예상하고 있다. ABI Research는 미국 뉴욕에 본사가 있는데 통신, 이동, 무선, IoT, M2M, 위치정보, 자율주행자동차 관련 동향분석과 시장예측조사를 전문으로 하는 글로벌 조사기관이다.

장기적으로 마스는 거대한 시장규모로 확대로 될 것으로 예상하고 있다. 2050년에는 이동서비스 규모가 약 7조 달러에 이를 것으로 보고 있다. 이러한 시장 예측은 반도체 전문회사 인텔(Intel)과 휴대폰, 자동차,

IoT 에코시스템, 스마트홈 분야의 전문 시장조사 회사인 Strategy Analytics가 공동조사 형식으로 2017년 6월 발표하였다. 결국 마스 시장 규모는 기존 자동차의 신차 규모의 약 4배 이상으로 확대될 것으로 본다.

마스는 이동 관련 빅 데이터(Mobility Big Data) 구축과도 연계되어 있다. 기존의 자가용, 버스, 기차, 지하철 등은 독립된 형태의 비즈니스 영역으로 존재했다. 그러나 이러한 교통수단들이 새롭게 연계, 통합됨으로써 새로운 가치를 창출하게 된 것이다. 그리고 데이터 자본주의(Data Capitalism) 또는 플랫폼 경제(Platform Economy)의 진전도 마스의 등장에 중요한 요인으로 작용하였다.

마스 서비스의 내용과 사례

마스의 대표적인 사례는 핀란드 헬싱키에 있다. 헬싱키에서는 마스 글로벌 사가 2016년부터 운영하는 윔(Whim) 서비스를 이용할 수 있다. 이동 서비스 윔은 목적지를 입력하면 자동으로 목적지까지 경로와 교통수단 그리고 요금을 표시해준다. 예를 들어 헬싱키 국제공항에서 목적지를 헬싱키 시청으로 입력하면 이동경로, 이동수단 그리고 요금을 제시해준다. 스타트 버튼을 누르면 결제와 동시에 이용이 가능하다.

월정액 499유로로 모든 이동수단 무제한 이용

헬싱키에서 이용하는 요금체계는 크게 세 가지 종류이다. 가장 대표적인 요금플랜이 월정액 499유로로 이용하는 서비스이다. 이 월정액 플랜은 매월 한국 돈으로 637,800원을 지불하면 헬싱키 시내를 비롯한 일정 범위 내에서 대중 교통수단, 1회 탑승 시 5㎞ 이내 택시 승차 무제한, 렌터카, 카 쉐어링, 렌트 바이크 등을 무제한으로 이용할 수 있다. 월정액 플랜 외에도 1회당 요금을 지불하는 서비스 플랜도 이용가능하다.

철도나 트램의 경우 승무원에게, 그리고 버스나 택시에 승차하는 경우 운전자에게 스마트폰 앱 화면을 보여주면 된다. 버스나 전철에서 택시로 환승하는 경우에는 택시의 운행 위치를 확인하여 버스 정류장이나 전철역에서 환승하면 된다. 2018년 말 현재 헬싱키시에서 이동 서비스 윔을 이용하는 시민은 3만 명 이상으로 알려지고 있다(NIKKEI X TREND, 2018.4.18).

마스는 핀란드뿐만 아니라 다양한 국가에서 도입되고 있다. 독일에서는 BMW와 다임러(Daimler)가 운영하는 'Reach Now', 독일철도회사가 운영하는 'Qixxit', 미국 LA시에서 운영하는 'GO LA', 중국의 '디디추싱(滴滴出行)', 싱가포르 'Grab', 인도의 'Ola' 등이 대표적이다. 독일의 다임러는 마스 분야의 전문회사를 설립, 이동 서비스 사업을 세계적 규모에서 전개하고 있다.

일본에서 운영되는 마스 사례

일본에서도 JR동일본과 도큐전철, 라쿠텐 트레벌이 합작하여 2019년부터 시즈오카 이즈 지역에서 관광형 마스를 운영하고 있다. 일본에서는 국내 관광객을 대상으로 역이나 공항에서 버스, 택시, AI 주문형(On demand) 교통수단, 카 쉐어링 등을 연계하여 스마트폰으로 검색, 예약, 결제가 가능한 이동 서비스를 제공하고 있다.

이즈 지역은 동경에서 가깝고 볼거리도 많아서 관광객이 많은 지역이다. 신주쿠역에서 2시간 정도에 갈 수 있는 거리이다. 기차나 버스로 이즈 지역을 방문하는 경우, 대체로 시모다역에서 하차한다. 그러나 시모다역에서 관광지까지 이동이 불편한 상황이다. 이러한 불편 때문에 관광객의 80% 정도는 자가용으로 방문한다(日本經濟新聞, 2019.7.5). 관광객이 많은 주말이나 공휴일에는 차량 정체로 이동이 여간 불편하지 않다. 이렇게 지역을 찾아오는 관광객 말고도 지역에 거주하는 고령자들도 이동이 불편한 것은 마찬가지이다.

일본 국토교통성의 발표에 따르면, 1992년 이후 과소지에서 폐지된

이즈 지역에서 이용하는 이동 서비스 '이즈코(Izuko)' (출처: Izuko 홈페이지)

철도나 버스 노선의 길이가 1,100킬로미터를 넘는 것으로 나타났다(일본 국토교통성, 2018). 이러한 상황은 지역주민이 이동에 불편을 겪을 수밖에 없음을 시사해주고 있다.

이즈 지역에서는 지역 내에서 이동하는 불편함을 해소하기 위하여 이동 서비스 이즈코를 제공하고 있다. 스마트 폰 어플인 '이즈코(Izuko)'로 이용할 수 있다. 이즈코를 활용하면 관광지까지 루트 검색, 렌트카 예약, 렌트 사이클 예약, 그리고 라이드 쉐어 승합택시를 예약에서 결제까지 할 수 있다. 이즈 지역의 이동 서비스는 지역 내에서 운영되는 도큐전철과 JR에서 운영하는 전철, 그리고 버스를 연계하고 있다.

그리고 역이나 버스 정류장에서 관광지까지는 미니버스 형태의 승합택시와 쉐어 사이클을 이용할 수 있다. 승합택시의 경우 이즈코로 예약하면 인공지능이 고객의 위치를 확인하여 최적의 이동루트를 파악하여 이동 서비스를 제공한다.

2021년 동경 올림픽 기간에 일본을 방문한 관광객에게 이동서비스 마스를 제공한다는 목표로 다양한 지역에서 마스 사업이 진행되었다. 일본의 유명 관광지인 하코네 지역과 카마쿠라 지역 등 가나가와현을 중심으로 전철, 버스회사를 운영하는 오다큐도 마스를 제공하고 있다. 오다큐 이동 서비스는 자율주행버스를 이용하여 라스트 원 마일을 연계시키고 있는 점이 특징이다.

그리고 일본 남쪽의 최대도시인 후쿠오카시에서는 '마이 루트(My Route)'라는 스마트폰 어플을 이용하는 마스가 운영되고 있다. 마이 루트를 다운로드하면 전철, 버스, 렌트카, 택시, 쉐어 사이클 등을 통합적으로 이용할 수 있다. 목적지를 검색하면 전철, 버스, 렌트카, 택시, 쉐어 사이클이 연계된 형태로 예약, 결제 가능하다.

홋카이도에서는 버스회사 윌러(WILLER)가 '히가시 홋카이도 네이쳐 패스'를 2019년 5월부터 판매하고 있다. '히가시 홋카이도 네이쳐 패스'는 홋카이도의 동쪽에 위치한 아바시리 지역과 쿠시로 지역의 관광지를 연계하는 교통패스이다. '히가시 홋카이도 네이쳐 패스' 3일 이용권은 8,900엔(약 9만 원)이다. 정액제로 운영되는 '히가시 홋카이도 네이쳐 패스'는 이동에 필요한 전철, 버스, 자전거, 그리고 도요타 미니자동차 'i-ROAD'를 통합적으로 이용할 수 있다.

마스의 사회경제적 효과

마스(MaaS)는 인간의 이동에 필요한 교통수단의 최적화를 통해서 도시의 교통정체, 환경문제 해결, 미세먼지 감소, 교통사고 감소, 특히 지방도시가 직면한 교통문제, 즉 지역의 고령인구 증가에 따른 고령자 의 이동 문제 해결 등 지방이 직면한 사회적 문제 해결을 위한 새로운 수단으로 인식되고 있다.

헬싱키 시내에서 윔(Whim) 서비스 이후, 대중교통과 자가용 이용비율이 크게 변화하였다. 윔 도입 이전과 이후, 대중교통수단과 자가용 자동차 이용 비율을 보면 자가용 자동차 이용 비율이 20%p 감소하였다. 그리고 대중교통수단 비용 비율은 26%p 증가하였다.

윔 서비스 도입 이후의 변화 중에서 주목할 점이 택시의 이용비율이 5% 정도 증가하였다는 사실이다. 현재 한국 사회에서도 택시 카풀문제가 정치적 쟁점이다. 라이드 쉐어링 문제는 기존의 택시 업계와 마찰을 빚고 있지만 마스 같은 방식은 오히려 택시 이용을 증가시키고 있다는

헬싱키 시내의 윔(Whim) 서비스 이후 대중교통과 자가용 이용 비율 변화

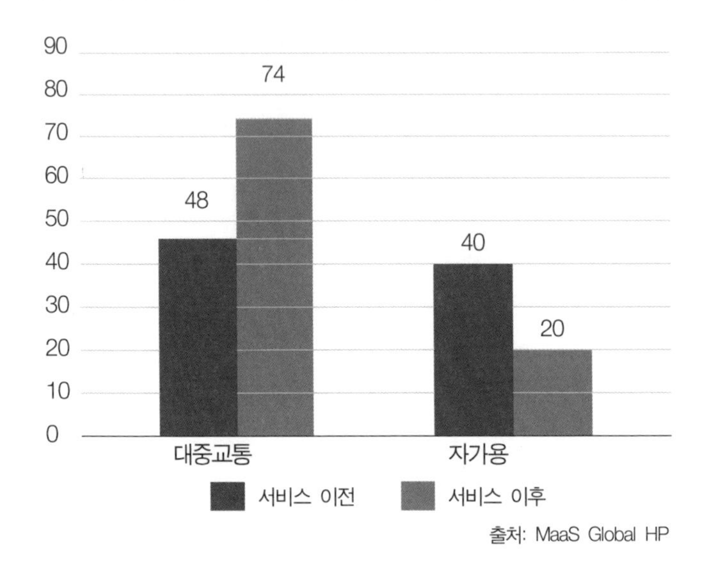

출처: MaaS Global HP

점에서 주목할 필요가 있다.

그리고 편리하고 쾌적한 이동 서비스 실현은 시민들의 삶의 만족도를 높일 수 있다는 점에서도 주목할 필요가 있다. 특히, 핀란드의 헬싱키시처럼 행정 주도의 이동 서비스 시스템 구축은 지방자치단체의 주민서비스 만족도를 증가시킬 수 있다는 점에서도 매우 중요하다. 마스 도입에 따라 자가용 이용 비율은 감소하였다.

반대로 대중교통수단을 이용하는 비율이 증가함에 따라 도시의 교통 체증 감소에 기여하고 있다. 자가용 이용 비율의 감소는 현재 한국 사회 전체가 직면한 미세먼지 문제 해결방안으로서 매우 유용할 수도 있다. 헬싱키의 경우도 마스 도입 이후 자가용 자동차의 운행이 줄어들면서

공기의 질이 더 좋아졌다고 평가하고 있다.

더구나 시내에 주행하는 자가용 차량의 감소로 전체적으로 교통사고가 감소하게 된 것도 매우 큰 효과이다. 교통사고 감소 및 교통 혼잡 감소는 안전한 이동 및 쾌적한 도시환경 마련에 기여하게 된다.

마스는 무엇보다도 고령자의 이동 문제 해결을 위한 수단으로 인식되고 있다. 고령으로 버스 정류장이나 전철역까지 걸어서 이동하기 어려운 고령자, 또는 고령으로 운전이 곤란한 운전 약자에게 이동권을 보장할 수 있는 대안으로 인식되고 있다(NIKKEI X TREND, 2018.5.21). 자가용 차량을 이용하지 않더라도 자가용 차량과 같거나 보다 편리한 이동 수단을 제공해줄 수 있기 때문이다. 더구나 마스는 향후 자율주행 자동차가 이동수단으로 현실화된다면 고령자의 이동 문제 해결에 막대한 기여를 하게 될 것이다.

마스는 지역의 관광 활성화에도 기여할 수 있다. 통상 다른 지역으로 자가용 자동차로 여행하는 경우, 오랜 시간 운전해야 하는 불편함이 있다. 그러나 기차역이나 버스터미널에서 관광지 또는 시내 이동수단이 연계된다면 자가용 차 없이도 편리하게 여행할 수 있게 될 것이다. 대중교통수단을 이용하는 경우, 마스가 도입된다면 라스트 원 마일 문제가 해결될 수 있기 때문이다.

마스는 새로운 디지털 경제를 실현시킬 수 있다는 점에서도 지속적인 경제성장에도 도움이 된다. 새롭게 이동 디지털 플랫폼(Mobility Digital Platform)이라는 마스가 만들어지면서 교통혁명뿐만 아니라 우리의 일상생활에도 엄청난 변화를 유발하고 있다.

예를 들어 마스를 제공하는 주택이 등장하고 있다. 이제는 아파트를 구입하는 경우, 자가용을 이용하지 않고도 집 앞에서 버스 정류장, 전철역까지 이동은 물론 회사, 학교, 출장지 등 목적지까지 원 스톱으로 이동경로가 검색, 예약, 결제까지 이루어지게 된다.

병원을 이용할 때에도 집안에서 병원까지 이동하는 교통 서비스를 제공하는 의료 서비스가 실현 가능하게 되었다.

마스 시스템 구축에 참여하는 행위자도 매우 다양하다. 기존의 버스회사, 택시회사, 전철, 기차회사, IT 관련 회사, AI 회사, 빅 데이터 회사, 통신회사, 캐시리스 회사, 어플리케이션 회사, 렌트카 회사, 심지어 장거리인 경우에는 항공사, 고속철도회사, 고속버스회사, 선박회사 등도 참여하게 된다.

한국 사회에 주는 시사점

마스는 이미 전 세계의 디지털 경제를 석권하고 있는 플랫폼 기업들인 GAFA(Google, Apple, Facebook, Amazon)가 아직 손을 대지 못하고 있는 새로운 영역이라는 점에서 전 세계적으로 주목받고 있다. 자동차와 IT 기술의 융합은 도요타자동차와 소프트뱅크 회사 간의 연계에서 보는 바와 같이 향후 자율주행 자동차를 활용한 마스가 구체화된다면 자동차 산업의 근간을 변화시키는 일대 변혁이 예상된다.

2019년 4월 12일 기준으로 서울시 차량등록 대수는 2,663,430대로 나타났다. 단순하게 계산하면 하루 53만 대 정도 운행이 줄어드는 효과를 가져올 수 있다. 여기에 자가용 이용 감소는 대중교통수단 이용 증가로 도시의 교통체증이 감소할 수 있다. 교통체증이 감소하게 되면 미세먼지를 줄임과 동시에 자동차의 연비를 높여서 에너지 절약에도 기여할 수 있게 된다.

이동 서비스 마스의 도입은 새로운 디지털 경제를 실현하는 효과가 있다.

한국은 아직 마스 분야가 구체화되고 있지 않다. 한국의 이동데이터를 한국의 IT 기업이 빅 데이터 형태로 구축, 활용하여 새로운 마스를 제공함으로써 데이터 주권을 확보하는 측면에서도 향후 정부, 지자체 주도의 연구와 전략수립이 필요하다. 그리고 점차 인구가 줄어들고 있는 지방에서 지역주민의 이동권 확보와 관광객의 이동을 지원하는 수단으로 활용하는 것도 가능하다.

제5부

평가하는 인공지능

15장

사람의 신용도를 AI가 평가하는 사회

—안전, 안심, 인간 중심의 인공지능 사회 실현

인공지능에 대한 불안감은 일자리에 대한 부정적 인식 때문만은 아니다. 실제로 AI 때문에 금전적 손해를 보는 경우도 발생하고 있어서 불안감은 확대되고 있다.

2019년 5월 31일자 미국 경제주간지 〈블룸버그(Bloomberg)〉에 "When algorithms mess up, the nearest human gets the blame"라는 기사가 실렸다. 이 기사는 AI 시스템이 인간에게 손해를 끼친 경우, 그 책임이 누가에게 있는가, 라는 문제를 제기하고 있다는 점에서 매우 흥미롭다.

이 기사의 내용은 다음과 같다. 홍콩에 살고 있는 어느 갑부가 AI로 운영하는 자동투자 플랫폼에 자신의 돈을 예탁한 결과, 2,000만 달러(한화 약 238억)가 넘는 돈을 잃었다. 그래서 이 갑부는 손해배상 소송을 제기하게 된 것이다. 소송을 제기한 상대는 AI 시스템이 아니라 AI 시스템을 판매한 사람이다. 그 이유는 현행법상 AI 시스템, 즉 기술을 상대로 소송하는 것은 불가능하기 때문이다. 그래서 부득이하게 AI와 관련된 사람 중에서 시스템을 제작, 판매한 사람을 상대로 소송하게 된 것이다.

소송 결과는 아직 알 수 없으나 지금까지 우려한 상황이 현실화되고 있다는 점에서 관심이 높다. AI가 사회의 다양한 분야에 활용되면서 알고리즘에 의해 손해가 발생하는 일이 발생한 것이다.

이러한 손해가 발생한 경우, 그 책임을 누가 질 것인가 하는 문제는 매우 중요한 문제이다. 실제로 책임을 물을 경우, 그 대상은 AI 시스템을 보유한 회사, AI 시스템을 운영하는 책임자, AI 시스템 제작회사, 그리고 AI 시스템 그 자체 등으로 생각해볼 수 있을 것이다. 물론 투자한 당사자의 책임에 대한 논의도 있을 수 있을 것이다.

인간의 신용도를 평가는 인공지능(AI)의 등장

알리바바 '신용 스코어(Score)'가 지배하는 중국 사회

사람의 신용도를 AI가 평가하는 서비스가 확대되고 있다. 흔히 개개인의 신용은 은행이나 카드회사가 재산, 소득, 직업 등을 기준으로 부여해 왔다. 그러나 최근에는 인공지능이 알고리즘에 따라 새롭게 신용을 평가, 부여하는 서비스가 확대되고 있다. 가장 대표적인 사례가 중국의 '지마 신용 스코어(Score)'이다. 이것은 중국의 모바일 페이 '알리페이(ALIPAY)'와 연계하여 평가되는 신용 스코어이다. 중국은 은행거래보다 스마트폰으로 물건을 사거나 금전 거래를 하는 일이 일반화된 사회이다.

중국에서는 은행거래를 하지 않는 사람도 많아서 은행에서 모든 사람에게 신용도를 부여할 수 없다. 그러므로 스마트폰 거래로 개인의 신용도를 평가하게 된 것이다.

중국의 지마 신용 스코어는 2015년부터 시작되었는데 최저 350점에서 최고 950점까지이다. 지마 신용 스코어는 인터넷 쇼핑의 구매정보, 지불 정보, 서비스 이용정보, 그리고 친구관계, 경찰 관련 정보 등 다양한 정보를 가지고 인공지능이 신용 스코어를 계산한다. 지마 신용 스코어는 개인 외에 법인에게도 부여된다. 미상장 기업의 규모를 평가하는 수단으로 활용되고 있는데 법인의 경우 1,000점에서 2,000점 범위에서 평가한다.

주택임대계약, 결혼조건으로도 활용되는 AI 신용도

지마 신용은 평가점수가 높은 경우, 대출 금리가 우대되고 임대계약을 체결할 때 계약금이 면제되는 혜택도 있다. 호텔이나 렌트카를 빌리는 경우에도 보증금을 맡기지 않아도 되는 혜택이 있다. 심지어 결혼정보 사이트에서도 지마 신용 스코어가 높은 사람은 우대되고 있다.

지마 신용 스코어는 알리바바 사에 국한되어 사용되는 것이 아니라 공공기관과도 연계되어 활용된다. 중국의 재판소는 벌금 체납자의 정보를 알리바바와 공유하는 것으로 알려지고 있다(Wired(JP), 2018.6.26). 결국 재판에서 부과된 벌금을 납부하는 않는 경우, 지마 신용 스코어가 낮아지게 된다.

지마 신용 스코어는 대학병원에서도 활용되고 있다. 상해 복단대학병원에서는 지마 신용 스코어가 650점 이상인 사람에게는 중국 돈 1,000원을 여신으로 부과하고 여기에서 병원비를 지불한다. 지마 신용 스코어가 높은 사람은 병원에서도 우대혜택을 받고 있다. 물론 모바일로 자동결제가 가능하므로 진료비를 지불하기 위하여 줄 서서 기다리지 않아도 된다. 병원 측의 입장은 병원의 혼잡도를 줄이기 위한 방안이라고 하지만,

지마 신용 스코어에 따른 혜택 부여는 차별로 인식될 우려도 있다(Business Insider Japan, 2019.1.3).

중국에서는 지마 신용 스코어뿐만 아니라 중국 정부가 추진하는 '사회신용 시스템'에 따라 모든 중국인에게 신용 스코어를 부여하는 국가프로젝트가 진행 중이다.

중국이 추진하는 사회신용 시스템은 기업, 개인 간 신뢰를 높이는 데 목적이 있다. 정부가 추진하는 신용 시스템은 사기, 탈세, 채무 불이행 등을 억제하는 데 활용된다. 그러므로 사회신용 시스템에는 교통안전 준수 여부, 세금납부, 인터넷쇼핑 정보 등 다양한 정보가 포함된다. 북경시는 실제로 2018년 11월, 모든 시민에게 사회신용시스템 등록을 추진한다고 발표하였다.

중국 정부는 2014년 사회신용 시스템 구축 프로젝트를 시작하여 2020년 12월에는 구체적인 가이드라인을 발표하였다. 사회신용 시스템 구축이 진척되면서 시민들의 불안도 증가하였다. 아직 규제, 법정비가 불충분하고 개인정보 수집, 데이터 보호, 프라이버시 침해에 대한 우려가 불식되고 있지 못하기 때문이다.

이러한 시민들의 우려를 의식하여 중국 정부는 가이드라인을 제시하였다. 중국 국무원은 "사회신용 시스템은 사회적인 부정행위를 억제하는 장기적인 메커니즘이며, 공정하고 성실한 시장환경을 조성하도록 지원하는 제도"라고 설명한다.

그리고 기업이나 개인의 부정행위에 관한 데이터, 정보, 처벌은 법에 근거하여 이루어진다고 설명한다. 중국 정부는 신용 시스템 관련 국제적 기준을 준수하고 정부가 보유하는 데이터를 공유, 수집하는 방법을 개선하고 있다고 발표하였다. 신용정보의 공개과정에서 기업 비밀이나 개인의 프라이버시가 침해되지 않도록 추진한다고 밝혔다(Reuters, 2020.12.24).

이러한 설명에도 불구하고 불안은 여전히 남아 있다. 모든 시민이 사회신용 시스템에 등록되고 지마 신용 스코어로 평가된다면 모든 사람들의 일상생활이 전부 AI 시스템에 통합되고 평가되는 시대가 될 수도 있다.

이러한 현실은 인공지능 기술 발전이 가져오는 미래가 디스토피아에 가까울 것이라는 비관적인 예측을 시사하고 있다. 인터넷 쇼핑 정보가 모두 통합되고 가족관계, 친구관계마저도 자신의 신용도에 영향을 미치는 사회가 될 수 있다. 지마 신용 스코어가 높은 사람은 우대 받고, 낮은 사람은 회복의 기회마저 주어지지 않는 사회 환경이 만들어질 수도 있다(Business Insider Japan, 2019.1.3).

국가가 AI 신용도로 개인을 관리하는 사회

이미 중국에서는 국가가 진행하는 사회신용시스템에 따라 제재를 받는 사람들이 등장하고 있다. 중국 영자신문 〈글로벌 타임스(Global Times)〉에 따르면, 2018년 4월 기준으로 사회신용을 이유로 항공기 탑승이 거절된 사람이 1,114만 명, 고속철도 탑승이 거절된 사람이 425만 명이라고 한다(Global Times, 2019.4.13). 2018년 5월 중국 행정사무를 관장하는 민정부(民政部)는 단체 이름에 '국제', '중국' 등의 이름을 붙여 정부와 관련성을 위장하는 단체가 증가하면서 이러한 단체의 설립, 활동에 관여한 사람들에게는 사회신용 스코어를 낮추는 조치를 단행하였다. 결국 사회신용 스코어를 수단으로 시민들의 단체설립을 제한하고 있다.

심지어 K-POP 스타들을 향한 팬 행위에 대해서도 사회신용 스코어로 제재하는 경우까지 등장했다. 공항에서 지나치게 소란을 피우는 팬에게는 사회신용 스코어를 낮추는 패널티가 주어지기도 한다(Global Times, 2019.4.13). 이러한 제재조치는 정부가 국민을 통제하는 수단으로 활용될 여지가 있기도 하다. 결국 인공지능 기술이 발전하게 되면서 AI신용스코어가 시민들을 감시하고 제재하는 수단으로 이용될 수도 있다. 더구나 평가하는 알고리즘에 대한 투명성이 담보되지 않은 상태에서 AI의 평가에 따라서 인간의 행위가 제한되는 문제점이 노정되고 있다. 이러한 문제점은 일본에서도 쟁점이 되고 있다.

일본의 'J. Score'와 AI 신용평가

일본에서는 2016년 미즈호은행과 소프트뱅크가 공동으로 '제이 스코어(J. Score)'라는 회사를 설립하였다. 이 제이 스코어가 제공하는 신용평가 서비스가 바로 'AI 스코어'이다. AI 스코어는 각각의 사람들이 입력한 정보에 따라 AI가 개인의 신용도를 수치화한다. AI 스코어는 개인의 생년월일, 최종학력, 직업의 업종, 연봉, 은행의 계좌정보 등을 기본적인 정보로 입력한다. 직업은 정규직, 비정규직이냐, 일하는 업종은 영업직, 제조업, 의료, 사회복지, 건설업, 서비스업, 숙박업, 음식업, 교육, 운수업 등으로 세분화된다. 1차적으로 이러한 정보에 따라서 개인의 신용도를 1,000점 기준으로 평가한다.

2차적으로 개인의 경험, 생활 습관, 취미, 선호 등에 관련된 항목이 150가지 정도가 추가된다. 2차적으로 입력하는 정보는 생활, 성격, 프로필, 지갑 사정(wallet), 재정운영, 관련정보(Link) 등의 정보이다. 개인 정보 150가지 정도가 추가되지만, 정보가 추가될수록 신용도가 높아지는 구조이다. 물론 150가지 정보 전부를 입력하지 않아도 된다. 또한 실명으로 입력하는 것이 아니라 별명이나 닉네임으로 입력하는 것도 가능하다.

2차적으로 입력하는 정보 중에는 개인의 생활 습관이나 학습 패턴, 수면 패턴에 대한 정보도 포함된다. 예를 들어 매일매일 운동하는 시간, 학습시간, 학원을 다니거나 특정 분야를 공부하고 있다면 그러한 정보도 입력한다. 취침시간, 기상시간, 지갑 정보나 재정운영 정보도 입력한다. 좋은 습관이나 규칙적이고 지속적인 학습은 AI 스코어에 플러스 효과를 가진다.

매일매일의 운동 습관, 계속적인 학습 습관, 규칙적인 수면 습관, 그리고 의식적이고 현명한 지출 습관은 '해피 체인지(Happy Change)' 명목으로 추가적인 신용을 받을 수 있다. 해피 체인지는 일종의 보너스 점수이다. 예를 들면 옷을 살 때 어떤 측면을 제일 중시하는가? 앞으로 체험하고 싶은 라이브 이벤트는 무엇인가? 라디오는 하루에 어느 정도 청취하는가? TOEIC 점수는 몇 점 정도인가? 이 같은 부분은 기존의 은행 신용도와 차별화된 전략이기도 하다.

AI 스코어는 과거, 현재의 이미 고정된 정보만으로 신용도를 평가하는 것이 아니라 미래에 긍정적으로 기여하는 해피 체인지 분야를 추가한 것이다. 해피 체인지 점수는 자기 자신의 행동에 따라서 신용도가 바뀌어갈 수 있다는 측면이 추가된 것이다.

장래의 가능성도 'AI 스코어'의 중요한 요인

AI 스코어는 장래의 가능성을 추가적으로 고려한 신용도 평가이다. 개인의 기본적인 직장, 수입 같은 정보 외에도 자격증 취득, 학습, 생활

습관 개선 등으로도 신용도가 높아진다.

AI 스코어 이용자는 자신의 정보를 제이 스코어에게 제공한다. 미즈호은행 금융거래 정보, 소프트뱅크 통신회사의 통신서비스 정보 등이 제공된다. 야후재팬이 운영하는 온라인 쇼핑정보, 야후옥션 정보도 연계되어 이용되고 있다. 야후 사이트에서 이루어지는 쇼핑정보, 옥션에 판매하는 물품정보, 구입정보 등도 참고해서 AI 스코어가 계산된다.

AI 스코어는 다양하게 이용할 수 있다. 우선 AI 스코어를 가지고 대출이 가능하다. 제이 스코어는 AI 스코어에 따라서 대출여부, 금리 등을 결정한다. 특히, 젊은 층의 경우 유학자금으로 대출을 신청하거나, 자격증 취득 목적으로 학원비 대출을 신청한 경우, 대출이 가능하다. 그리고 신청자가 매일 운동하는 습관, 계속적인 학습습관, 규칙적인 수면습관, 그리고 현명하게 돈을 지출하는 습관 등이 있다면 장래의 가능성을 높게 평가하여 대출 가능성이 높아진다.

AI 스코어 이용자는 2018년 8월에 25만 명 정도였다(IT Media, 2018.8.22). 2020년 6월에는 이용자가 급증하여 120만 명을 돌파하였다(JPX, 2020.8.22). 이 중에서 60% 정도가 20대, 30대로 나타났다.

대출 외에도 AI 스코어는 등급에 따라서 다양한 서비스에 이용할 수 있다. AI 스코어는 다이아몬드, 플래티넘, 골드, 실버, 브론즈, 백랍 등 6개 등급으로 구분되는데, 등급에 따라서 다양한 할인 및 무료 쿠폰 혜택이 주어진다. 예를 들어 플래티넘 회원은 브리지스톤골프가든 할인권, 아오야마 하모 꽃집 할인쿠폰, 프린스 호텔 무료 숙박권, 리츠 칼튼 동경 스파 할인권, 휘트니스 클럽 할인권, 오리코(Orico) 골드카드 1년간 연회비 무료 쿠폰, 알속(Alsok) 홈 시큐리티 신규 가입 특별 할인권, 가바(Gaba) 맨투맨 영어회화 무료 쿠폰, 혼토(honto) 전자서적 1,000엔 무료 쿠폰, 차량 공유 서비스 무료이용 쿠폰, 아마존 무료쿠폰 등이 제공된다.

AI가 평가하는 신용도를 신뢰할 수 있는가

그러나 결국 여기에서 문제가 되는 것은 개인이 AI 스코어를 평가받기 위해서 제출하는 개인정보가 어떻게 이용되고 보호되고 있는지 전혀 알려지지 않고 있다는 점이다. 첫째, AI 스코어를 평가하는 알고리즘에 대한 정보공개가 전혀 없다. 둘째, AI가 알고리즘에 따라 평가하는 방법은 공정한가 하는 문제도 역시 의문이다.

현재 일본에서 운영되는 AI 스코어는 회사마다 평가 방법이 다르다. 제이 스코어와 달리 라인 스코어(LINE Score)는 다른 방법으로 평가하고 있다. 이렇게 제 각각 평가방법이 다르다면 그 신용도는 믿을 수 있을까 하는 문제가 제기된다. 그리고 개인정보가 150여 가지가 제공되지만 제공된 정보가 어떻게 활용되고 있는지 전혀 알려지고 있지 않다.

일본에서는 2008년부터 신용 카드 사용으로 발생하는 다중채무문제를 방지하기 위하여 신용카드 발행 시 '신용정보기관'에서 변제능력 확인이 의무화되었다. 현재 제이 스코어가 제공하는 AI 스코어는 신용정보기관을 우회하여 이루어진다. 결국 AI 스코어라는 명목으로 대출을 장려하여 청년들의 파산을 양산하는 결과를 일으킬 수도 있다. 이러한 측면에서 AI가 평가하는 신용도는 신뢰할 수 있는가 하는 문제가 제기되고 있다.

AI 사회의 도래, 어떻게 대응할 것인가

AI 사회의 도래에 대응하는 방법 중 하나는 신뢰할 수 있는 AI 개발이다. 우리가 안심하고 사용할 수 있는 AI를 개발하기 위하여 각국에서는 다양한 형태의 가이드라인이 만들어지고 있다. 이미 한국에서도 인공지능과 관련하여 윤리 가이드라인이 마련되었다. 국회에서는 인공지능이나 로봇을 규제하는 법안이 제출된 상태이기도 하다.

AI와 공존하는 미래 사회의 실현은 국가만의 노력으로 실현되는 것은 아니다. 기업에서도 함께 노력해야 한다. 그러므로 각국에서 신뢰할 수 있는 AI 개발을 위하여 어떤 조치들을 취하고 있는지 살펴보자. 그리고 개별 기업은 어떤 가이드라인을 가지고 AI를 개발하고 있는지 살펴보자.

일본의 인공지능 가이드라인

일본 총무성은 2018년 7월 30일 'AI 이용 원칙 안(가이드라인)' 10가지를 발표하였다. 일본 정부는 AI 이용원칙 가이드라인을 작성하기 위하여 2017년부터 각계 전문가로 구성된 'AI네트워크사회추진회의'를 운영하여 왔다. 그리고 AI 이용 관련 원칙뿐만 아니라 인간과 AI가 공진화하는 사회 환경조성을 위하여 '인간 중심의 AI 사회 원칙 검토회의'를 운영하고 있다. AI 이용 가이드라인도 이러한 맥락에서 만들어졌다.

10가지 AI 이용 가이드라인은 다음과 같은 내용으로 구성되어 있다(AI 네트워크사회추진회의, 2019).

① 적정 이용 원칙. 이것은 AI 이용자는 인간과 AI 시스템 간, 또는

AI 이용자 간 적절한 역할 분담하에서 적정한 범위, 방법으로 AI 시스템, AI 서비스를 이용해야 한다는 원칙이다.

② 적정학습의 원칙. 이 원칙은 AI 이용자 또는 데이터 제공자는 AI 시스템 학습에 활용하는 데이터가 적정한지를 체크해야 한다는 원칙이다.

③ 연계의 원칙. 이 원칙은 AI 서비스 제공 사업자(프로바이더), 비즈니스 이용자, 데이터 제공자는 AI 시스템이나 AI 서비스 상호간 연계를 고려해야 한다는 원칙이다.

④ 안전의 원칙. 이 원칙은 AI 이용자는 AI 시스템 또는 AI 서비스 이용에 의해 이용자 또는 제3자의 생명, 신체에 위협을 미치거나 재산에 손해를 끼치지 않도록 노력해야 한다는 원칙이다.

⑤ 시큐리티 원칙. 이용자 또는 데이터 제공자는 AI 시스템 또는 AI 서비스의 시큐리티 확보에 노력해야 한다는 원칙이다.

⑥ 프라이버시 원칙. 이 원칙은 AI 이용자 또는 데이터 제공자는 AI 시스템 또는 AI 서비스 이용과정에서 개인의 프라이버시 침해가 발생하지 않도록 배려해야 한다는 원칙이다.

⑦ 존엄, 자율의 원칙. 이 원칙은 AI 시스템 또는 AI 서비스 이용과정에서 인간의 존엄과 개인의 자율을 존중해야 한다는 원칙이다.

⑧ 공평성의 원칙. 이 원칙은 AI 서비스 제공 사업자, 비즈니스 이용자, 데이터 제공자는 AI 시스템 또는 AI 서비스의 판단에 따라 부당하게 차별받지 않도록 배려해야 한다는 원칙이다.

⑨ 투명성의 원칙. 이 원칙은 AI 서비스 제공 사업자, 비즈니스 이용자는 AI 시스템 또는 AI 서비스의 입력, 출력의 검증 가능성 및 판단 결과의 설명 가능성 확보에 노력해야 한다는 원칙이다. 이것은

AI 시스템의 제작과정, 학습과정이 투명해야 하고, 또한 AI가 판단한 결과에 대해서 설명할 수 있어야 한다는 점을 강조하는 것이다.

⑩ 설명 책임 원칙. 이 원칙은 AI 서비스 제공 사업자, 비즈니스 이용자는 모든 이용 당사자에게 설명 책임을 질 수 있도록 노력해야 한다는 원칙이다.

EU의 인공지능 가이드라인

2019년 4월 8일, EU위원회는 'AI 윤리 가이드라인'을 발표하였다. EU위원회는 2018년에 'AI에 관한 하이레벨 전문가 위원회'를 설치하고, 위원회에서 진행된 논의에 입각하여 'AI 윤리 가이드라인'을 작성하였다. 그 내용은 다음과 같다(European Commission, 2018).

① 인간의 활동지원과 감시. AI는 인간의 활동과 기본적 인권을 지원하고 그리고 평등한 사회가 실현되는 것에 기여해야 한다. 인간의 주체성을 제한하거나 저하, 오인시키는 것을 해서는 안 된다는 것을 의미한다.

② 견고성과 안전성. 신뢰할 수 있는 AI는 전체 라이프사이클을 통해서 에러, 문제에 대처할 수 있는 안전하며 확실성을 가진 견고한 알고리즘을 갖추어야 한다.

③ 프라이버시 보호와 데이터 거버넌스. 시민이 자기 자신에 대한 데이터를 완전하게 관리하고, 이러한 데이터가 시민에게 손해를 끼치거나 차별하는 수단으로 활용되어서는 안 된다.

④ 투명성. 투명성은 AI 시스템의 데이터 처리가 추적 가능한 방법으

로 실현될 수 있도록 구축되어야 한다는 것이다.

⑤ 다양성, 비차별, 공평성. AI는 인간의 능력, 기능, 요구의 전체 분야를 고려하여 접근하기 쉽게 만들어야 한다는 것이다.

⑥ 지속가능성 및 환경 책임. AI는 보다 나은 인간사회를 만들고, 지속가능성 확보에 기여해야 한다. 그리고 환경에 대한 책임을 향상시킬 수 있도록 이용되어야 한다는 것이다.

⑦ 설명 책임. AI 또는 AI에서 얻어지는 결과에 대하여 설명 책임이 가능한 시스템을 도입해야 한다는 것이다.

중국은 2019년 5월 25일 '북경 AI 원칙'을 발표했다. 중국의 AI 가이드라인은 '북경인공지능연구원(Beijing Academy of Artificial Intelligence)' 주도로 작성되었다. 대체로 일본이나 EU의 가이드라인과 공통적인 부분이 많다. '인간의 프라이버시, 존엄, 자유, 자율성, 권리가 충분히 존중되어야 한다'라는 점이 북경 AI 원칙의 핵심적인 요지이다.

구글의 인공지능 가이드라인

국가 차원에서 AI 가이드라인의 책정, 발표가 진행되고 있지만 기업차원에서도 진행되고 있다.

구글은 2018년 6월, 'AI 가이드라인(AI at Gogle: our principles)'을 발표하였다. 구글은 AI 개발과정에서 다음과 같은 7가지 원칙을 마련하였다(LEDGE.AI, 2019).

① 사회에 유익한 AI 개발

② 불공평한 편견을 만들거나 조장하지 않음
③ 안전성 보장을 확보한 개발이나 실험
④ 사람들에 대한 설명 책임
⑤ 프라이버시 및 디자인 원칙 적용
⑥ 과학적 탁월성을 탐구
⑦ 이러한 기본원칙에 부합하는 AI 이용에 기술제공 등

구글은 AI 가이드라인과 더불어 군사적 목적으로 AI 개발에 반대하는 성명도 발표하였다. 구글은 미국 국방성과 공동으로 추진한 드론 무기 개발과 관련하여 사원들의 반대 목소리가 커지면서 2019년 계약을 해제한다고 발표하였다.

한국에서도 2018년 11월, 카카오가 AI 기업윤리를 발표하였다. 카카오가 발표한 알고리즘의 기본원칙은 다음과 같다(국민권익위원회, 2019).

① 사회적 윤리의 준수이다. 카카오는 알고리즘과 관련된 모든 노력을 한국 사회의 윤리에 입각하여 작성하며 이를 통해 인류의 편익과 행복을 추구한다.
② 차별에 대한 경계이다. 알고리즘 결과에서 의도적인 사회적 차별이 일어나지 않도록 경계한다.
③ 사회 윤리에 근거한 학습데이터 운영이다. 알고리즘에 입력되는 학습 데이터를 사회 윤리에 근거하여 수집, 분석, 활용한다는 것이다.
④ 알고리즘의 독립성 원칙이다. 알고리즘이 누군가에 의해 자의적으로 훼손되거나 영향 받는 일이 없도록 엄정하게 관리한다.

⑤ 알고리즘에 대한 설명원칙이다. 이용자와의 신뢰 관계, 그리고 기업 경쟁력을 훼손하지 않는 범위 내에서 알고리즘에 대해 성실하게 설명한다(국민권익위원회, 2019).

이 외에 세계경제포럼(WEF)에서도 2019년 5월 '인공지능 평의회'를 구성하고 AI 가이드라인을 논의하고 있다. 경제협력개발기구(OECD)에서도 국제협력기구의 목적에 부합하는 AI 가이드라인을 2019년 5월 발표하였다.

일본, EU, 구글, 한국의 카카오 그리고 국제기구의 가이드라인을 보면 안전하고 신뢰할 수 있는 AI 개발이 진행되고 있다. 이러한 가이드라인이 정착, 제도적으로 운영될 수 있도록 우리도 관심을 가질 필요가 있을 것이다. 국제사회는 다양한 이해관계가 충돌하고 있어서 국제적 룰이 실효성을 담보하기까지는 많은 노력이 필요하다.

마치며

최근 우리는 일상에서 다양한 지능이나 판단능력을 가진 인공지능과 마주하게 되었다. 그렇다면 이제 인공지능을 '자율적' 기계로 인식하고, 그들과 공존하기 위해서는 '어떤 구체적 조건이 필요한가?'를 논의해야 하지 않을까?

이러한 질문은 '인간이란 무엇인가'라는 질문에 대하여 다른 경로로 접근하는 방법이기도 하다. 특히 '사회적 가치의 권위적 배분'을 논하는 '정치'의 관점에서 새로운 기술변화로 제기되는 '사회경제적 룰'과 희소가치를 나누는 '배분'의 주체와 책임을 논할 단계가 왔다. 갑자기 정치의 역할을 제기하는 것은 정치가 우리들이 살아가는 공동체의 법, 제도, 룰 등 모두가 살아가는 규칙을 정하는 역할을 하기 때문이다. 이제 인간과 인공지능이 공존하는 구체적인 규칙을 정해야 할 단계이기 때문이다.

이를 위해서는 기존의 서양철학, 근대적 합리주의, 신적 인식과는 다른 관점이 필요하다. 또 인공지능이 등장하면서 제기되는 현실적인 문제를 해결하기 위한 고민이 동반되어야 한다. 예를 들어 자율주행 자동차가 일반도로에서 실험운행을 시작하는 단계인데도 여전히 도로교통법에서는 자동차 운전의 주체는 사람이라고 전제하고 있다. 우리가 일상에서 접하는 이러한 '불일치'를 인식하고 새로운 관점으로 접근해야 한다.

가장 먼저 우리의 인식 전환이 선행되어야 한다. 인간 vs 자연, 인위적 문화 vs 자연 구성물, 인간 vs 비인간(기계), 주체 vs 대상, 근대 vs 전근대, 이성 vs 비이성 같은 이원론적 사고와 인간 중심적 인식에서 벗어나야 한다.

인간과 인공지능, 로봇이 계급의 상하관계라는 인식에 대한 재검토가 필요하다. 일방적으로 지시하고 복종해야 하는 권력관계가 아니라 인간 ⇔ 인공지능, 인간 ⇔ 로봇, 인간 ⇔ 기계, 인간 ⇔ 인공물이 상호작용하며 관계 맺고 있다는 사고의 전환이 필요하다.

인공지능과 로봇을 우리가 살아가고 있는 생태계를 구성하는 '자율적인 액터'로 인정하고 그들과 공존하기 위해 민주적인 신뢰관계를 만들어 나가면 좋겠다. 이제 우리 일상으로 들어온 인공지능(AI), 로봇과 공존하는 시대가 올 것이다. 그때를 위해 열린 마음으로 이들을 바라보기를 기대한다.

참고문헌

시작하며

井上洋智. 『人工知能と經濟の未來2030年の雇用大崩壞』, 文春新書, 2017.

日本經濟新聞社 編. 『AI 2045』, 日經プレミアシリーズ, 2018.

1장

고선규. 「AI·Robot은 인간과 공생 가능한 천사인가: AI 시대 정치의 과제」, IT정치연구회 발표논문, 2018.

김성민·정선화·정성영. 2018. 「세상을 바꾸는 AI 미디어: AI 미디어의 개념정립과 효과를 중심으로」, ETRI, *Insight Report*, 2018.7.

BBC. "Stephen Hawking warns artificial intelligence could end mankind", 2017. http://www.bbc.com/news.technology-302900540.

ETRI. 「세상을 바꾸는 AI미디어」, *Insight Report*, 2018.

Innovation Nippon. 「人工知能と日本 2017」, 國際大學, 2017.

James Barrat. *Our Final Invention: Artificial Intelligence and the End of the Human Era*. Thomas Dunne Books. 2015.

Jean-Gabriel Ganascia. 伊藤直子 訳. 『そろそろ,人工知能の真実を話そう』, 早川書房, 2017.

NHK. 『人工知能の最適解と人間の選擇』, NHK出版. 2017.

Ray Kurzweil. *The Singularity Is Near: When Humans Transcend Biology*. 2005.

中島秀之·丸山宏. 『人工知能 その到達点と未來』, 小學舘, 2018.

松尾豊. 『人工知能は人間を超えるか』, 角川新書, 2017.

川村幸城訳. 『AI兵器・戦争の未来』 東洋経済新聞社, 2021.

鶴光太郎. 『AIの経済学』 日本評論社, 2021.

佐藤嘉倫・稲葉陽二・藤原佳典. 『AIの経済学AIはどのように社会を変えるか』, 東京大学出版会, 2021.

2장

고선규. 「인공지능(AI)과 정치의 관계 맺기: AI는 통치수단일 수 있는가?」, 한국정치평론학회 『정치와 평론』 제28집, 2021.

한국언론재단 미디어연구센터. 「제4차산업혁명에 대한 국민들의 인식」, 『미디어 이슈』 제3권 4호, 2017.

CNET Japan. AI는 천사인가 악마인가, 2017. http://japan.cnet.com/article/35104939/

European Commission. Eurobarometer - Scientific research in the Media, 2017.

Geek Wire. Jeff Bezos explains Amazon's artificial intelligence and machine learning strategy, 2017.

Ghosh, Dipayan, and Ben Scott. "Facebook and Fake News: Disinformation Is Becoming Unstoppable", *Time*, January 24, 2018.
James Barrat. Our Final Invention: Artificial Intelligence and the End of the Human Era. Thomas Dunne Books, 2015.
Jamie Condliffe. "Elon Musk Urges U.S. Governors to Regulate AI Before 'It's Too Late'", *MIT Technology Review*. 2017.7.17.
Jamie Condliffe. AI 악마, 지금 당장이라도 규제해야 한다. http://www.technologyreview.jp/s/48649/elon-musk-urges-u-s-governors-to-regulate-ai-before-its-too-late/ 2017.
Karen Hao. 「AI業界の'白人男性偏重'がなくならない根本的な理由」, *MIT TECH Review*(jp), 2019.5.21.
Martin Ford.『기술이 고용의 75%를 박탈한다』, 朝日新聞出版, 2015.
NHK.『人工知能の最適解と人間の選擇』, NHK出版. 2017.
Virginia Eubanks. *Automating Inequality*. St. Martin's Press, 2018.
井上洋智.『人工知能と經濟の未來2030年の雇用大崩壞』, 文春新書, 2017.
窪田新之助.『日本發ロボットAI農業の凄い未來』, 講談社新書, 2017.

3장

AIsmiley Magazine.「AIが感情も讀む時代に感情認識サービスの活用事例」, 2019.5. 30.
DiGITALIST.「AIは人間とディベートできるレベルまできたIBMの Project Debater」, 2019.4.18.
IBM Research. "Project Debater", 2019.2.19.
IBM Project Debater. LIVE DEBATE-IBM Project Debater - YouTube, 2019.2.11.
IT media.「採用現場で'AI面接官'は普及するのか」, 2017.11.22.
IT media.「ソフトバンクが新卒の'ES選考'をAIに任せた理由」, 2017.8.29.
HR總研.「2019年卒學生 就職活動動向調査」 vol.2, 2019.

4장

IT Media.「'変なホテル'總支配人が語る, 完全無人化が不可能な理由」, 2017.7.12.
Nissen Digital Hub.「AIロボットが接客する'變なホテル'が長崎にある」, 2019.3.13.
President Online.「変なホテルが生産性4倍を實現した理由」, 2018.3.6.
田原總一郎.「AIが49%の仕事を奪った時, 人は何をするか」, 2017.4.21.
齋藤元章·井上智洋.『人工知能は資本主義を終焉させるか』, PHP新書, 2018.
鈴木貴博.『失業前夜 : これから5年, 職場で起きること』, PHPビジネス新書, 2018.
野村總合研究所.「コンピューター技術による代替確率を試算」, 2017.

5장

Engadget(일본어판).「ロボットが接客する'無人カフェ'原宿にオープン」, 2017.11.16.

Fashionsnap.「渋谷モディに'変なカフェ'がオープン, 高性能協働ロボットがコーヒーを提供」, 2018.1.30.
日本經濟新聞社. '変なカフェ' 渋谷に登場, ロボットがコーヒー, 2018.1.30.

6장

NIKKEI X TREND.「スマホで決済,ロボットが商品を搬送 新型省人カフェが神谷町に」, 2019.1.15.
NIKKEI Business.「森トラストが37階ビルに出前ロボットを導入するワケ」, 2019.1.9.
Robotstart.info.「ホテルデリバリーサービスロボットを導入」, 2018.8.22.
Robotstart.Info.「ロボット 'Relay'がオフィスまでコーヒーを届ける」, 2018.12.12.
日刊工業新聞.「ロボがコーヒー配達 森トラスト, 'タワーオフィス'で運用實證」, 2019.1.25.
田中潤·松本健太郎.『誤解だらけの人工知能』光文社新書, 2018.
毎日新聞.「營業短縮, 柔軟に, 脱24時間」, 2019.3.9.

7장

FNN Prime.「日本初の"夜間無人スーパー"が開店」, 2018.12.19.
IT Media Business.「JR赤羽驛のAI無人店舗を体驗してみた」, 2018.10.18.
Livedoor News.「お薦めの花AIが提案 銀座の生花店」, 2017.12.7.
World AI System.「人工知能(AI)を搭載した店員'エレーヌ'が, お薦めの花を提案」, 2017.12.11.
日本經濟新聞社.『AI 2045』日本經濟新聞出版社, 2018.
毎日新聞.「夜間の完全無人店鋪開業へ トライアルカンパニーが日本初」, 2018.12.11.
中島秀之·丸山宏.『人工知能 その到達点と未來』, 小學舘, 2018.
齋藤薫.『ロボットが家にやってきたら』岩波ジュニア新書, 2018.

8장

Business Insider Japan.「世界初? 多摩市長選に出馬するAI市長とは」, 2018.4.13.
Next Wisdom Foundation.「AI政治の夜明け? 世界初'AI市長'候補 松田道人さん, インタビュー」, 2018.7.25.
NHK.『人工知能の最適解と人間の選擇』, NHK出版新書, 2017.
東京新聞.「保育所の入所選考にAI導入増える」, 2019.1.9.
東京新聞.「'AIで予算最適化' 都内地域政堂, 新手法を前面に」, 2019.5.9.
廣井良典.「AIが示す日本社會の未來」NHK視点·論点」, 2019.2.6.
總務省自治行政局行政經營支援室.「自治體戰略2040構想」, 總務省, 2018.
總務省自治行政局行政經營支援室.「自治體業務改革モデルプロジェクト」, 總務省,

2021.
長野縣.「AIを活用した, 長野縣の持續可能な未來に向けた政策研究」, 2019.
福田雅樹他.『AIがつなげる社会：AIネットワーク時代の法·政治』, 弘文堂, 2017.
朝日新聞.「世界の富の82%, 1%の富裕層に集中　國際NGO試」, 2018.1.22.

9장

CNET Japan.「AIを取り巻く著作權の基礎知識」, 2018.2.7.
Forbes Japan. 2016년 12월호.
Internet Academy. 2018.2.19.
Mugendai.「AIは人間と同じように, 芸術性を獲得できるか?」, 2018.3.21.
Newspim.「0.7%가 세계 부 절반 차지… 빈부격차」, 2016.11.23.
NHK論說委員室.「AIが描いた繪が4,800万円! 創作ってなに?」, 2018.11.20.
NHK Closeup 現代.「進化する人工知能ついに芸術まで」, 2016.7.12.
Nissen Digital Hub.「AIが作曲し音樂業界を變える」, 2019.3.13.
Nissen Digital Hub.「AIは芸術も創作する. では著作權はどうなるのか」, 2019.3.13.
Telescope Magazine.「人工知能といかに向き合っていくべきか」, 2016.3.31.
日本經濟新聞.「人工知能創作小說, 一部が'星新一賞' 1次審查通過」, 2016.3.21.
東洋經濟新聞.「AIが書いた小説はどれだけ面白いのか」, 2016.3.16.
松尾豊.『超AI入門』NHK出版, 2019.

10장

Out-Sourcing Technology Robotics.「ロボットｘ 英語教育」, 2019.
YASKAWA NEWS.「ロボットゼミナール關節の數と運動學計算」No. 297, 2011.
文部科學省.「小學校段階におけるプログラミング教育の在り方について」, 2018.
文部科學省.「論理的思考, 創意性, 問題解決能力及びプログラミング教育に關する専門家會議報告書」, 2016.6.
文部科學省.「小學校プログラミング教育を支援するハンドブック」, 2018.
東洋經濟新聞.「小學校の英語教科化が直面する4つの課題」, 2017.12.21.

11장

NIKKEI Digital Health.「ロボットは病院で活躍できるか, 聖マリアンナ醫科大病院の試み」, 2019.1.10.
Digitalist.「早期のがんも逃さない, 內視鏡檢查XAI」, 2018.8.30.
Digitalist.「畵像解析×AIで挑む醫療のパラダイムシフト」, 2018.9.6.
NIKKEI Business.「オリンパス, 國內初の'內視鏡AI'が見る課題」, 2019.3.6.
NIKKEI Business.「AI診察が實現したら, 醫師の役割はどうなる」, 2018.7.12.
Nikkei X TECH.「ロボットは病院で活躍できるか, 聖マリアンナ醫科大病院の試み」, 2019.1.10.

日經デジタルヘルス. 「ロボットで檢體·藥劑を搬送, 聖マリアンナ醫科大學病院」, 2018. 12.19.
齋藤豊. 「AI(人工知能)が大腸がんの診斷をサポート」, 2019.4.29.

12장

Nikkei X Trend. 「ドコモが開發の'AIタクシー'效果拔群 新人が中堅に勝った」, 2018. 9.28.
NIKKEI Business. 「ウーバーの事故が日本で起きたらその責任は」, 2018.4.10.
Nikkei X TECH. 「無人タクシーに挑む, 日の丸交通の危機感」, 2018.2.20.
Nikkei X TECH. 「ローソンとZMP, 慶應SFCで配達ロボ實驗」, 2018.7.20.
日本經濟新聞. 「DeNAの自動運轉, 便利なサービス體驗が强み」, 2018.12.10.
國土交通省 自動車局. 「自動運轉車の安全技術ガイドライン」, 2018.
冷泉彰彦. 『自動運轉 '戰場' ルポ』, 朝日新書, 2018.
松尾豊. 『超AI 入門』, NHK, 2019.
鶴見吉郎. 『EVと自動運轉』, 岩波新書, 2018.
三菱綜合研究所. 『3万人調査で讀み解く日本の生活者市場』, 日本經濟新聞出版社, 2012.

13장

Lnews. 「日本郵便, 新東京郵便局敷地內で, 1階から3階まで自動運轉」, 2019.3.22.
NIKKEI X Trend. 5G·AI·4Kは現代版'三種の神器', 2019.9.3.
WIRED(US). 「米郵便公社, 全車兩に自動運轉システムを導入へ」, 2017.11.6.
日本經濟新聞. 「日本郵便, 郵便局の敷地で'レベル4'の自動運轉」, 2019.3.9.
每日新聞. 「自動運轉 スマ, カーナビ注視など認める」, 2019.2.8.
內閣部. 『日本交通安全白書』, 2017.

14장

NIKKEI X TREND. 「クルマを買う時代は終わった!? 'モビリティ革命'生みの親を直擊」, 2018.4.18.
NIKKEI X TREND. 「黑船か, 救世主か? MaaSが迫るクルマ社會·日本の'開國'」, 2018.5. 21.
NIKKEI X TECH. 「小田急電鐵が自動運轉で人手不足解消へ」, 2019.3.14.
日經 BIZ GATE. 「モビリティ革命MaaSの正體」, 2018.12.19.
日本經濟新聞. 「トヨタ MaaSの戰略」, 2018.12.19.
日本經濟新聞. 「'伊豆MaaS' 實驗, 3カ月で2万人超が利用」, 2019.7.5.
日高洋祐 他. 『モビリティ革命MaaS』, 日經BP, 2018.
日本自動車販賣協會連合會. 『統計データ年報』, 2018.
國土交通省. 「MaaSについて」, 2018.

15장

국민권익위원회. 『기업 브리프스』 2019, 1월호.
AI네트워크사회추진회의. 「AI戰略(有識者提案)及び人間中心のAI社會原則について」, 2019.
Bruno Latour. *We Have Never Been Modern*, Harvard University Press, 1993.
Business Insider Japan. 「中國に續き日本も突入か '信用スコア社會' で起こる大激震」, 2019.1.3.
European Commission. The Ethics Guidelines for Trustworthy Artificial Intelligence (AI), 2018.6.
Godfrey-Smith Peter. *Other Minds: The Octopus, the Sea, and the Deep Origins of Consciousness*, William Collins. 2017.
IT Media. 「J.Scoreの新アプリがビジネスパーソンの"モチベーション增幅ツール"になる理由」, 2018.8.22.
JPX. 「AIスコアで可能性を見極め. アフターコロナの挑戦を後押しする 「J.Score」」, 2020.08.17.
LEDGE.AI. 「Google,Microsoftも眞逆の姿勢. AIの軍事利用規制の行方は?」, 2019.2.6.
Rachel Barkow. *Criminal Law as Regulation*, 8 N. Y. U. J. L. & Liberty, 316, 2014.
Wired(JP). 「中國で浸透する'信用スコア'の活用」, 2018.6.26.
科學技術振興機構(JST)社會技術研究開發センタ. 「人と情報のエコシステム」 제1회 세미나발표논문, 2018.
稻谷龍彦. 「試論 : 公共政策としての刑事司法」, 『社會安全·警察學』 第4號, 2017.
稻葉振一郎. 『AI時代の資本主義の哲学』 講談社. 2022.

인간+AI를 위한 새로운 플랫폼을 생각한다

인공지능과 어떻게 공존할 것인가

초판 1쇄 인쇄 2019년 11월 11일
초판 2쇄 발행 2022년 8월 22일

지은이 고선규

발행인 양수빈
펴낸곳 타커스
등록번호 제313-2008-63호
주소 서울시 종로구 대학로 14길 21 (혜화동) 4층
전화 02-3142-2887 팩스 02-3142-4006
이메일 yhtak@clema.co.kr

ISBN 978-89-98658-60-1 (03320)

이 도서의 국립중앙도서관 출판예정도서목록(CIP)은 서지정보유통지원시스템 홈페이지(http://seoji.nl.go.kr)와 국가자료종합목록 구축시스템(http://kolis-net.nl.go.kr)에서 이용하실 수 있습니다.
(CIP제어번호 : CIP2019041931)

• 값은 뒤표지에 표기되어 있습니다.
• 제본이나 인쇄가 잘못된 책은 바꿔드립니다.